AF403717

MÉMOIRE

POUR

J.-F. LESUEUR

PAGE 16, ligne 16, *M. de Villequier, de Choiseuil*, lisez *MM. de Villequier, de Choiseuil*.

Page 81, ligne 17, *Montaigne disait*, lisez *Montaigne dirait*.

N. B. Cette faute, corrigée dans le cours de l'impression, s'est conservée dans un très-petit nombre d'exemplaires.

Page 85, ligne 1, *Python*, lisez *Python*.

Page 92, ligne 3, *renovella*, lisez *renouvella*.

MÉMOIRE

POUR

J.-F. LESUEUR,

L'un des Inspecteurs de l'Enseignement, au Conservatoire de Musique, Au Conseiller d'État chargé de la direction et de la surveillance de l'Instruction publique;

En réponse *à la partie d'un prétendu* Recueil de Pièces, imprimé *soi-disant au nom* du Conservatoire, et aux calomnies dirigées contre le citoyen LESUEUR par le citoyen Sarrette, Directeur de cet établissement, et autres, ses adhérens;

Contenant *en outre quelques vues d'améliorations et d'affermissement dont le* Conservatoire *paraît sus-ceptible.*

Par le Citoyen C. P. DUCANCEL,

Défenseur officieux et Ami de Lesueur.

Dat veniam corvis, vexat censura columbas.

A PARIS,

DE L'IMPRIMERIE DE GOUJON FILS,

rue Taranne, N°. 737.

VENDÉMIAIRE AN XI. (1802).

N. B. *J'affirme et je garantis l'exactitude de tous les faits consignés dans ce Mémoire.*

Signé LESUEUR.

AU CITOYEN

CONSEILLER D'ÉTAT

CHARGÉ *de la direction et de la surveillance de l'Instruction Publique.*

CITOYEN CONSEILLER D'ÉTAT,

Je viens défendre un Compositeur célèbre contre
un genre de persécutions qui peut-être est sans
exemple dans les fastes de la méchanceté humaine. Commandé par les travaux de ma profes-
sion, qui exigent une application constante et
journalière, j'ai d'abord hésité à entreprendre
cette pénible tâche ; mais plusieurs considérations graves ont vaincu ma répugnance.

D'abord Lesueur est ulcéré. Sa brûlante imagination, la profonde sensibilité de son ame, ces
deux véhicules si puissans de l'art enchanteur
qu'il professe, s'allient difficilement avec le
sang-froid et la dignité de langage qui appartiennent essentiellement à l'honnête homme ou-

tragé et que réclame l'autorité qui le juge. Le-sueur, fort de sa conscience, mais entraîné par l'ascendant de ses moyens, aurait mis peut-être dans sa défense le cœur à la place de l'esprit, l'éloquence à la place du raisonnement, la véhé-mence à la place de l'énergie ; et peut-être aussi n'aurait-il produit que de l'étonnement au lieu d'opérer la conviction.

D'un autre côté, Lesueur est mon meilleur ami. J'ai frémi de l'attaque portée au plus esti-mable des hommes ; elle vient d'être exécutée avec tant d'éclat et d'appareil ; je vois tant de gens honnêtes, mais crédules, se réunir aujour-d'hui au fabricateur de cette abominable intrigue, que déjà l'opinion est pervertie. Elle a même ébranlé plusieurs artistes qui s'honoraient d'appar-tenir à Lesueur. Je les ai vus s'interroger eux-mêmes, et presque rougir de l'avoir pour ami !.... L'amitié de Lesueur devenir un titre d'opprobre !... Cette affreuse idée a fixé mon hésitation. Elle anime mon courage ; elle me fait embrasser avec transport la défense de mon ami ; elle suppléera au talent qui me manque et que sollicite une si belle cause.

Citoyen conseiller d'état, vous ne cherchez que la vérité. Je n'ai pas d'autre but ; mais avant de vous l'offrir, me sera-t-il permis de vous

confier l'espèce d'embarras qui m'arrête ? Si Lesueur avait à se défendre dans les tribunaux,
j'invoquerais les formes tutélaires de la justice,
et combien alors ma mission serait facile et
douce ! Combien aussi le triomphe de Lesueur
serait glorieux et rapide ! Je dirais à ses accusateurs : « Articulez des faits, produisez des
» preuves ». Je me trompe fort, ou bientôt on
verrait, sur une interpellation si simple, cette
tourbe aujourd'hui si audacieuse baisser le front,
se reployer honteusement sur elle-même, et éva-
cuer précipitamment le sanctuaire de la Justice.
Maheureusement pour Lesueur, l'attaque n'est
point dirigée dans les tribunaux, mais dans l'opinion publique, qui n'est pas de leur domaine ;
et son implacable adversaire sait trop bien comment on égare l'opinion. Il sait trop bien que
dans cette sorte d'escrime l'avantage est presque
toujours pour celui qui porte les premiers coups,
sur-tout lorsqu'il emprunte le poignard et la
main d'autrui. Il sait trop bien que l'homme
ainsi attaqué, quand il veut se défendre, ne
voit plus que de vaines déclamations à repousser,
d'absurdes et grossières invectives à réfuter, mais
pas une preuve à discuter, pas un fait à détruire,
pas un ennemi découvert à combattre. Enfin il
sait trop bien que le *mal* se grave facilement

dans le commun des hommes, et que le *bien* à peine les effleure.

Ce n'est pas là, citoyen conseiller d'état, la seule difficulté pénible que présente la justification de Lesueur, et qui établisse une grande disproportion entre l'offenseur et l'offensé. Lesueur est nominativement désigné dans l'opinion, tandis que son accusateur reste caché dans l'ombre. Lesueur va être forcé de le nommer, et de remonter à l'origine de l'affreuse persécution qu'il éprouve. Ainsi il va révéler la cupide ambition de son persécuteur, ses intrigues, ses méchancetés et ses vexations. Eh bien ! à chaque pas le persécuteur va l'arrêter. Sur chaque phrase et sur chaque mot, il va lui donner des démentis, et produire des *certificats de commande* qu'il arrachera à l'aveugle soumission de ses subordonnés, à la pusillanimité de ses égaux, et à l'animosité de ses complices. Des milliers de signatures donneront une apparence de consistance à ces misérables pièces, et l'on en conclura que Lesueur feint de jouer l'humble rôle d'accusé, pour se constituer accusateur, et que ses accusations ne sont elles — mêmes que d'odieuses et grossières calomnies (1). Il est bien vrai, citoyen con-

______

(1) Je sais que déjà l'on a mis en œuvre cette mal-

seiller d'état, que ce ne sera point sur des certificats de cette espèce que vous fixerez votre jugement ; mais peut-être aussi ne verriez-vous dans Lesueur et son adversaire que deux ennemis qui s'accusent mutuellement sans preuve. La querelle resterait alors indécise ; et Lesueur ne trouverait dans cette fatale indécision que la continuité de ses peines et de sa proscription.

Pour parer à cet inconvénient, citoyen conseiller d'état, il me semble indispensable, et vous me pardonnerez, sans doute, de bien caractériser, 1°. l'espèce de procès dont vous êtes juge ; 2°. la manière dont il doit être instruit ; 3°. la manière dont il doit être jugé.

Un homme avide , ambitieux et méchant, (cet homme est le citoyen SARRETTE), a voulu augmenter ses profits et sa puissance, en réunissant l'Opéra au Conservatoire, dont il est direc-

---

adroite tactique de *certificats* , dont on va inonder la réplique à ce mémoire. Déjà pressentant d'avance certains griefs, on s'est adressé à plusieurs artistes estimables pour en avoir des attestations. Quelques - uns ont cédé aux sollicitations de la cabale, d'autres ont refusé. Honnêtes adversaires, lisez ce mémoire, et à chaque fait je vous indiquerai le certificat qu'il faudra mendier. Je me repose d'ailleurs sur votre loyauté pour la rédaction.

teur. Pour arriver à ce but, il a cherché à introduire dans l'Opéra une révolution subversive du genre qui le caractérise et des artistes qui en font le plus bel ornement. Il a senti qu'en dénaturant le genre, et en sacrifiant les artistes, il devenait, en sa qualité de chef du Conservatoire, l'homme indispensable à la recomposition de l'Opéra. Lesueur voit dans cette révolution projetée, le renversement de la tragédie lyrique et mytologique en France, et la perte de plusieurs artistes chers au public. Lesueur éclate dans une brochure imprimée. Il combat avec énergie le système des novateurs, en ménageant d'ailleurs leurs personnes. Le citoyen Sarrette est forcé d'ajourner l'exécution de ses vues ambitieuses. Déjà depuis long-tems, ennemi secret de Lesueur, de ce moment il ne peut plus dissimuler sa haine, et il conçoit le projet de perdre Lesueur, pour ne plus rencontrer d'obstacle. Voilà, citoyen conseiller d'état, tout le procès.

Vous sentez combien, pour éclairer votre justice sur une querelle de cette nature, il me serait difficile de vous apporter par-tout des preuves matérielles. Vous le sentirez encore mieux, quand j'aurai dessiné quelques traits de l'homme profondément astucieux, qui a juré la perte de mon ami.

Je n'aurai donc point à me livrer devant vous à une discussion rigoureuse et juridique. Si je n'obtiens pas la conviction *absolue d'un juge impassible*, j'obtiendrai du moins la conviction *morale d'un administrateur suprême*, qui connaît toutes les ressources de la perversité humaine, qui néglige les effets pour s'attacher aux causes, et qui juge les hommes plus par ce qu'ils sont, que par ce qu'ils disent.

Ainsi, pour aider votre judicieuse analyse, je vous offrirai, comme premier élément, le tableau des personnes. Dans un 1er. paragraphe, je vous retracerai rapidement quelques détails historiques sur Lesueur et sur le caractère de son talent, en le prenant dès l'enfance , et en parcourant toutes les phases de son existence, jusqu'à son entrée au Conservatoire. Cette explication devient d'ailleurs indispensable à la défense de Lesueur, puisqu'il est attaqué et diffamé sur plusieurs époques de sa carrière musicale (1).

______

(1) J'ai les preuves irrécusables et les pièces sans réplique sur les calomnies atroces dirigées contre Lesueur dans les *coteries*. Croira-t-on qu'on ait essayé de l'atteindre jusque dans l'honneur de sa famille, originaire du ci-devant comté de Ponthieu en Picardie ? Eh bien ! on a fait ce misérable essai. Croira-t-on que j'ai été obligé moi-même d'exiger de Lesueur les titres

Dans un second paragraphe, je parlerai de la personne du cit. Sarrette ; mais qu'il se rassure : plus généreux que lui, je ne le rechercherai point jusques dans les époques les plus reculées de sa vie. Je le dispenserai de nous révéler son histoire ; et c'est peut-être un grand embarras que je lui

---

qui pûssent constater la probité et l'honneur de cette famille ? Eh bien ! j'y ai été obligé. Croira-t-on qu'il ne se soit jamais vanté de ce dont je me suis convaincu ? Eh bien! il pouvait s'en vanter et en tirer gloire. J'ai vu dans ces témoignages irrécusables, ses aïeux mériter autrefois, et durant une longue suite de siècles, des récompenses honorables par de hauts emplois, non-seulement dans le militaire et la robe, mais encore dans le sacerdoce, les lettres et les beaux-arts: j'y ai vu une probité sévère, des mœurs intactes, une conduite à toute épreuve, également mentionnées par-tout. N'importe ! L'acharnement de ses ennemis a été jusqu'au point de vouloir lui disputer encore sa parenté constatée avec *Lesueur*, peintre illustre du siècle de Louis XIV. Il faut à tout prix rabaisser ce compositeur, trop fort jusqu'à ' de l'opinion publique; il faut corrompre cette opinion. Bas calomniateurs ! dépréciez le talent musical de Lesueur; mais vous essayez en vain de supposer qu'il n'ait point eu de brillans objets d'émulation dans sa famille, pour mieux attaquer son honneur... Il écrase vos mensonges par des FAITS incontestables. J'aurai aussi, s'il est nécessaire, *mon recueil de pièces* à opposer à toutes vos noires inventions. Je vous attends...

sauve. Je le prendrai seulement à la naissance du Conservatoire , et je le conduirai jusqu'à ce jour , en signalant son ambition , son objet , ses progrès historiques et les entraves qu'elle a rencontrées dans Lesueur.

Dans un troisième paragraphe , je ferai le récit des persécutions suscitées à Lesueur. Elles compléteront le tableau du cit. *Sarrette :* je réfuterai dans un quatrième paragraphe, les misérables et puériles accusations dont il se prévaut dans l'opinion publique et auprès de votre autorité, pour colorer sa haine.

Tel est , citoyen conseiller-d'état , le cadre de ma défense , et l'aspect sous lequel j'envisage la tâche que l'amitié m'impose.

Quand vous connaitrez bien le personnel des parties, leur moralité, les passions qui mutuellement les animent, les griefs qu'ils s'adressent , et l'objet secret qui les dirige , vous prononcerez. Votre jugement, dégagé de ces formalités gênantes qui asservissent les organes de la justice , sera le résultat d'idées qui ne seront qu'à vous, et dont vous ne serez comptable envers personne. Il ne proscrira point tel ou tel individu : il n'aura qu'un seul objet , celui d'améliorer le plus brillant de tous les arts, et d'environner ceux qui s'y distinguent, de cette noble considération qui est le véhicule du génie. Vous pressentez déjà combien seront modérées et généreuses les conclusions que je prendrai contre nos accusateurs, et qui feront la matière de mon cinquième et dernier paragraphe.

J'entre en matière.

§. PREMIER.

Vie historique de Lesueur et son caractère.

LESUEUR est né d'un simple cultivateur, au *Plessiel*, près Abbeville. A sept ans il fut admis à l'école de musique de cette ville. Bientôt après, appelé par le vénérable M. Delamotte, évêque d'Amiens, et par Gresset, homme de lettres, il fut reçu en 1770 à l'école de musique de la cathédrale d'Amiens, où il apprit les premiers élémens de la langue latine et de la langue française, et les premiers principes de la musique.

Son tems expiré dans cette école, il en sortit à l'âge de 14 ans; il entra de suite au collège d'Amiens pour y achever ses études, et il y resta jusqu'à 16 ans, époque à laquelle il termina son cours de philosophie.

A seize ans il fut nommé maître de musique de l'église cathédrale de Sées en Normandie. Six mois après, il fut nommé sous-maître de l'église des SS. Innocens à Paris. Il y resta un an ; à 17 ans et demi, il fut reçu maître de musique dans l'église cathédrale de Dijon (1).

Pendant l'espace de trois années qu'il occupa ce poste, il y fut singulièrement accueilli et encouragé par M. de Vogué, évêque de Dijon, amateur passionné de l'art musical ; par M. de Vergennes, alors ambassadeur de France, près la république de Venise, et qui passait habi-tuellement une partie de l'année à Dijon ; par M. Latour-du-Pin, gouverneur de Dijon ; par M. de Surget, conseiller au parlement de la même ville, qui avait une bibliothèque enrichie de toutes les partitions de nos grands maîtres ita-liens, allemands et français ; par M. de Montigny, trésorier des états de Bourgogne, et par beaucoup d'autres personnages distingués dont il serait trop long de faire ici l'énumération. Tous avaient la bonté d'admettre Lesueur dans leurs sociétés, de lui ouvrir leurs bibliothèques, et de lui pro-diguer les marques les plus flatteuses de leur estime et de leur bienveillance.

---

(1) Il n'est pas inutile de savoir que dans l'ancien régime un maître de musique sortant d'une église, ne pouvait être admis dans une autre sans les attestations les plus authentiques de bonnes vie et mœurs.

Après deux années et plus d'exercice dans l'église de Dijon, Lesueur, âgé de près de vingt ans, fut appelé à la maîtrise du Mans, place qui était beaucoup plus considérable et plus marquante que celle de Dijon. Il se rendit au Mans vers le commencement de 1782, muni des attestations les plus honorables du chapitre qu'il quittait. Au bout de huit mois on lui proposa la maîtrise de St.-Martin de Tours. Le chapitre du Mans, jaloux de conserver Lesueur, lui offrit une augmentation considérable d'émolumens, et les mêmes avantages que ceux qui lui étaient promis à Tours. Lesueur préféra la maîtrise de Tours parce qu'elle conduisait plus directement à celle de Paris. Il porta encore dans cette nouvelle place les certificats les plus flatteurs sur sa moralité, sa conduite et son amour pour le travail.

Lesueur entra dans l'église de Tours à vingt ans et demi ; mais peu de tems après, il fut attiré à Paris par deux circonstances. La première était la vacance de la maîtrise des SS. Innocens, la seconde le concert spirituel où Legros l'avait appelé, pour y faire exécuter plusieurs morceaux de sa composition (1).

---

(1) A cette occasion, je ne dois point passer sous silence une anecdote qui sert aujourd'hui de prétexte

 · En 1784, et à vingt-un ans et demi, Lesueur fut promu à la maîtrise des SS. Innocens , sur le

---

aux ennemis de Lesueur pour répandre dans le conser‑ vatoire et dans les cotteries, *qu'il a été chassé de Tours comme un fripon*.

Lesueur obtint du chapitre de Tours un congé d'un mois pour se rendre à Paris. Avant de partir, il se présenta au chapitre assemblé, et lui observa qu'il était dû une somme de 400 liv. à des fournisseurs, pour une solemnité que Lesueur avait exécutée dans l'église de St.-Martin. Il manifesta le desir que cette dette fût acquittée avant son départ. On lui compta les 400 liv. Lesueur tenait d'une main l'argent, et de l'autre son congé. Le cha‑ noine, agent-comptable du chapitre, qui n'approuvait point l'augmentation d'orchestre que Lesueur avait in‑ troduite dans l'église de Tours, et qui payait à regret ce surcroît de dépense, eut l'audace d'apostropher Le‑ sueur en pleine assemblée, et de lui dire : « Vous partez » pour Paris, monsieur; vous allez y faire chanter votre » musique au concert spirituel. On vous retiendra peut‑ » être dans la capitale. N'est-ce pas pour votre voyage » que vous demandez ces 400 liv., et paierez-vous les » fournisseurs avant de partir » ? Lesueur, par un mou‑ vement aussi prompt que l'éclair : « Malheureux ! ap‑ » prends à me connaître » ! et jetant à ses pieds le sac d'argent au milieu du chapitre, il sort précipitamment, va prendre les 400 liv. chez lui, court payer de ses propres deniers les fournisseurs, et part de suite pour Paris. Reçu, en y arrivant, maître de chapelle des SS. Innocens, il écrivit au chapitre pour lui demander des rapport de *Gretry*, *Gossec*, *Philidor*, et autres compositeurs du premier ordre.

Ce fut pendant le cours de son exercice dans cette église, que Lesueur se livra tout entier à l'étude de l'art dramatique, et qu'il eut le bonheur de se lier avec Sacchini. Ce célèbre compositeur eut la bonté de s'offrir à Lesueur, pour examiner et corriger sa musique théatrale. Il revoyait ses duos, ses trios, et ses morceaux d'ensemble. Il lui indiquait ce qui rendait une phrase de mélodie élégante ou commune, ce qu'il fallait faire pour *que le lit harmonique dans lequel devait couler toute la mélodie d'un morceau, ne présentât rien de raboteux* (1).

En 1786, la maîtrise de l'église métropolitaine de Paris vint à vacquer. Jusqu'alors il

---

attestations de mœurs et de bonne conduite. Le chapitre les lui envoya, en lui témoignant les plus vifs regrets sur l'indécente conduite de son agent-comptable, et en le priant de recevoir les 400 liv. que le chapitre lui devait. Lesueur les refusa constamment, malgré les instances réitérées qui lui furent faites à diverses reprises. Charitables et véridiques accusateurs, voilà comme Lesueur *est un frippon!* Voilà comme il a été *chassé de l'église de Tours!* Maintenant broyez du noir sur cette anecdote.

(1) Expressions de Sacchini, qui, ce me semble, caractérisent assez le talent de cet illustre compositeur.

était de règle que pour remplir cette place , il fallait être ecclésiastique ou avoir quarante ans. Lesueur n'en avait que vingt trois et il n'était pas ecclésiastique. Il demanda néanmoins à être admis au concours avec tous les maîtres de cha-pelle qui se présentaient. L'archevêque de Paris, plusieurs grand-vicaires et chanoines , voulurent bien fermer les yeux sur la sévérité de la règle : Lesueur concourut et obtint la maîtrise de l'é-glise de Paris.

Il n'y avait eu jusqu'alors, dans la métropole de Paris , qu'une musique vocale, accompagnée simplement de violoncelles, de contrebasses, et bassons. Lesueur qui méditait depuis long-tems une révolution utile dans la musique re-ligieuse , osa déclarer qu'il n'entrerait à Notre-Dame que sous la condition qu'on y établirait une musique à grand orchestre, à l'instar de celle de la chapelle du roi. M. de Villequier, gentilhomme de la chambre, M. de Vergennes, écrivirent à ce sujet à M. de Juigné, archevêque. Le chapitre s'assembla , et sur la demande de Lesueur, il érigea , par un arrêté spécial, une musique à grand orchestre pour les grandes so-lemnités de l'année.

A peine entré dans l'église métropolitaine de Paris , Lesueur suspendit pour un an ses études dramatiques , afin d'exécuter les nouveaux plans de musique religieuse qu'il avait conçus depuis plusieurs années , et qui consistaient à appliquer aux caractères distinctifs de chaque solemnité, une musique, *une, imitative et particulière* à chaque fête. On se rappelle encore les brillantes solemnités exécutées à Notre-Dame en 1786 et 1787 , l'immense concours d'amateurs de toutes les classes qui y ont assisté, les témoignages d'encouragemens qui furent prodigués à Lesueur dans plusieurs feuilles périodiques par les premiers écrivains d'alors , notamment par MM. Lacépède, Champfort, Marmontel , l'abbé Aubert etc.

A cette occasion , ses anciens protecteurs de Dijon, M. de Villequier, de Choiseuil, de Breteuil , et de Vergennes , réunirent leur vœu à celui des gens de lettres , manifesté dans les feuilles périodiques de cette époque, en pressant Lesueur de ne point abandonner pour la gloire de chapelle , celle qu'il devait se promettre au grand opéra. « Il ne suffit pas , écrivait M. de Vergennes à » Lesueur, d'avoir des talens , de la probité, » de la délicatesse et des mœurs , il faut aussi » penser à votre fortune , en consacrant vos talens » au grand opéra et à la chapelle du roi ». Il ne se doutait guère , ce respectable protecteur, que ce qu'il appelait le chemin de la fortune et de la gloire, ne devait être pour Lesueur qu'un étroit et raboteux sentier hérissé de dégoûts, de tribulations et de persécutions !

De son côté, M. de Juigné, archevêque de Paris, réuni à ses grands-vicaires et à plusieurs chanoines, pressait vivement Lesueur de s'éloigner de la carrière théatrale, pour entrer dans l'état ecclésiastique et se consacrer exclusivement à la musique religieuse. *Trahit sua quemque voluptas :* Lesueur, entraîné par son penchant, et sur-tout par les conseils réitérés de Sacchini, se détermina enfin à essayer sur le théâtre de l'Opéra, *Télémaque*, tragédie lyrique et mythologique, qu'il tenait de Sacchini, à qui l'auteur l'avait originairement destiné. (1).

Lesueur, postulant son premier début au théâtre des Arts, y rencontra l'avant-goût des contrariétés et des amertumes dont il est aujourd'hui abreuvé. Après plusieurs années de démarches et de sollicitations infructueuses, il se vit forcé de retirer *Télémaque* du théâtre des Arts, pour

____

(1) Sacchini avait eu la bonté de corriger de sa main les partitions de Lesueur, et celui-ci conserve encore ces corrections originales, comme le monument le plus cher de l'amitié d'un grand homme.

le porter au théâtre Feydeau, où , dépouillé de son récitatif, de ses airs pantomimes , de ses morceaux de danse , et de cette brillante magie du grand Opéra, il obtint encore un plein succès, grace au zèle et aux talens des acteurs (1).

(1) Croirait-on que cette *émigration* du poëme du *Telémaque* est encore un des mille traits empoisonnés que la haine lance aujourd'hui sur la probité de Lesueur? On l'accuse publiquement au Conservatoire et dans les cotteries, d'avoir porté au théâtre Feydeau le poëme de *Télémaque, au mépris d'un engagement pécuniaire* contracté avec le théâtre des Arts. En termes plus clairs, on l'accuse d'être un frippon. Voici le fait:

Il y eut une convention souscrite dans l'été, entre l'administration de l'Opéra et Lesueur. Par suite de cette convention, celui-ci reçut une avance de 2000 liv. sous la condition que si l'ouvrage n'était pas représenté l'hiver suivant, cette somme lui serait acquise à titre d'indemnité. Un an s'écoule; *Télémaque* n'est pas même mis en répétition. Lesueur, qui avait sa partition, la confie au théâtre Feydeau, et se dispose à l'y faire répéter. Il en avait incontestablement le droit d'après la convention. Cependant, l'année d'après, Lesueur se présente au comité de l'Opéra, qui avait alors changé de directeur. Il rappelle le traité passé entre lui et l'ancienne administration ; et malgré le droit qu'il avait de conserver les 2,000 liv., il les réalise sur la table en présence des nommés *Lasuze* et *Guichard,* deux amis chauds du cit. Sarrette. On les reçoit, et il s'en va. *Quel malhonnête homme que ce Lesueur!*

Ce fut à l'époque où l'on exécutait avec tant de succès, les grandes solemnités de Lesueur, dans la métropole de Paris, qu'il fit imprimer *un traité sur ses nouveaux plans musicaux.* Il eut occasion de mettre en avant dans cet ouvrage quelques-unes de ses idées sur le rythme musical, fondu dans le rithme poétique, pour arriver au chant parfait et à la véritable mélodie.

D'un côté la publicité du *traité* de Lesueur, où respirait sa vocation pour la musique théatrale ; de l'autre son aversion prononcée pour l'état ecclésiastique, et la réception notoire du poëme de *Télémaque* à l'opéra, commencèrent à lui aliéner une partie du chapitre de la métropole. On y parla de supprimer les grands orchestres, et d'en revenir à l'ancien usage des musiques vocales accompagnées de violoncelles, contre-basses et bassons.

Ici commence une série de faits importans, dont la publicité devient indispensable pour la justification de Lesueur. On les a dénaturés et empoisonnés comme tous les autres, en répandant au Conservatoire et dans les cotteries, que *Lesueur avait été chassé de Notre-Dame, comme un brouillon, un homme immoral* et *un fripon.* Car voilà toujours les nobles et douces qualifications que ses misérables accusateurs lui prodiguent !....

Les vacances de septembre 1787 approchaient.
L'état des dépenses de la musique pendant l'année
est remis au chapitre, et l'examen en est ajourné à
sa rentrée. Lesueur profite de cette circonstance,
pour demander la permission d'aller passer six
semaines dans son pays natal et de s'y reposer de
ses fatigues (1). Dans son séjour à Amiens, il
apprend que dix à douze chanoines, qui étaient
restés à Paris pendant les vacances, s'étaient assem-
blés en chapitre, à l'insu de leurs autres collègues.
Ce comité clandestin était précisément composé
des antagonistes de la grande musique. Plusieurs
débats s'élevèrent sur les dépenses qu'entraînerait
l'exécution splendide de la musique nouvelle, tandis
que l'ancienne ne coûtait pas mille écus. On rap-
porta dans ce comité l'arrêté par lequel, en chapitre général, on avait autorisé, pour les hautes
solemnités, une musique à grand orchestre.
Lesueur, qui n'était entré à l'église de Paris que
sous la condition d'une musique à grand orchestre,

------

(1) Il est de fait que pendant toute l'année, il ne s'était
point couché; il s'était seulement contenté de dormir sur
un fauteuil, tantôt une heure, tantôt une demi-heure.
Ceux qui connaissent ses immenses travaux de 1787,
sa passion effrénée pour le travail, et le délabrement
qui existait alors dans sa santé, ne trouveront point ce fait
hyperbolique.

se crut autorisé à rompre son engagement, puisque
le chapitre rompait le sien. C'est dans ce sens qu'il
donna sa démission.

Il restait toujours l'état des dépenses à régler.
Lesueur, qui en sollicitait le paiement , eut à ce
sujet une altercation assez vive avec le grand-
chantre de Notre-Dame. Celui-ci prétendait que
les frais qu'avaient occasionnés les grandes solemnités de 1786 et 1787, ruineraient le chapitre.
Lesueur, piqué de cette observation mesquine et
désobligeante, ne fut pas maître d'un premier
mouvement de vivacité. Il lui répliqua assez brusquement : « Ces frais ne ruineront pas Lesueur
» qui les paiera, si vous ne les payez point ». —
« Monsieur, ne prenez pas le ton si haut. Un sim-
» ple maître de chapelle de mon église, est bien
» osé de me parler ainsi. Sachez l'énorme diffé-
» rence qu'il y a entre vous et moi ». — « Elle
» est énorme, en effet, repartit Lesueur ; car le
» simple maître de chapelle doit la place qu'il
» occupe à ses veilles, aux suffrages unanimes de
» tous les membres du chapitre, d'après un con-
» cours public et solemnel. M. D.. B.. doit la sienne
» à ses sollicitations et à la volonté momentanée
» d'un seul homme ». Il le quitta brusquement ,
en l'assurant qu'il paierait de ses deniers la dette
de son église.

Cette aventure contribua beaucoup à aigrir contre Lesueur le *petit* orgueil des partisans du *petit* orchestre , qui se recrutèrent alors des amis de l'ancien maître de chapelle. Ceux-ci avaient vu avec chagrin l'érection d'une grande musique en faveur de Lesueur. Ils se recordèrent pour composer, à la manière du cit. *Sarrette,* une prétendue opinion publique. On chercha, en conséquence, à donner à la délibération clandestine du comité des vacances, d'autres motifs que ceux qu'elle avait eus réellement. On débita des mensonges, puis des calomnies qui s'aggrandissaient à mesure que la délibération s'éloignait. Des calomnies on passa aux diffamations. En un mot, on essaya une *petite* répétition de la *grande* scène d'intrigues et de méchancetés, que jouent aujourd'hui le cit. Sarrette et ses adhérens.

Lesueur, méchamment attaqué, fut alors, comme il l'est aujourd'hui , dans la nécessité de se défendre. A l'intérêt de sa réputation se joignait encore celui des créanciers-fournisseurs aux solemnités de 1787 , dont le chapitre éludait le paiement. M. Delarivierre , conseiller au parlement de Paris , et ami de Lesueur, prit , quoiqu'alors septuagénaire, l'honorable fardeau de sa défense. Ce respectable vieillard, qui fut d'abord administrateur suprême de l'une de nos plus importantes colonies, où il n'a laissé que des bénédictions et des regrets ; à qui l'empire actuel de Russie doit une partie de ses lois civiles ; qui joignait à une vaste érudition, une élocution entraînante, et dont la grace tempérait l'énergie ; qui, à quatre-vingt-quatre-ans, avait encore toute l'amabilité, la présence d'esprit et la chaleur d'un homme de quarante ; cet homme qui aimait Lesueur, autant à cause de ses talens, que pour la candeur de son âme et la douceur de son caractère, lui disait souvent : « Vous ne connaissez pas les hommes, » Lesueur : la vie est une chaîne de tribulations » et de souffrances. Vous serez obligé de passer » toute votre existence à combattre les attaques » de méchans et d'envieux, intéressés à étouffer » les idées neuves et vraies que vous propagez avec » courage sur votre art ».

Pardonnez-moi, citoyen conseiller-d'état, cette légère digression en faveur d'un magistrat estimable, que j'ai eu moi-même le bonheur de connaître, par suite de mes liaisons avec Lesueur. J'ai dû, autant pour mon ami que pour moi, jeter quelques fleurs sur sa tombe. On se console un peu de la perte d'un homme estimable, par le souvenir de ses talens et de ses vertus.

M. Delarivière distribue en faveur de Lesueur, un mémoire écrit avec la double force qu'impri-

ment le sentiment de l'amitié et celui du plus puissant de tous les arts. Sur la sensation profonde que
produisit ce mémoire, le chapitre s'assemble de
nouveau. Vingt chanoines, dont l'éloquence de
M. Delarivière avait réveillé l'enthousiasme musical, prononcent chacun un discours pour le rétablissement de la musique à grand orchestre, et
pour le rappel de Lesueur. Vingt autres membres
parlent contre, et le chapitre reste divisé sur cette
question. On y agite aussi le paiement des fournisseurs : on reconnait la légitimité de la dette;
mais on ne statue rien. Il n'y eut d'arrêté dans
cette assemblée, que l'envoi de l'attestation
authentique demandée par Lesueur, et qui lui fut
apportée le lendemain par le secrétaire du chapitre,
revêtue de la signature des chefs et des grands-
vicaires. Il est assez curieux de connaitre les
termes de cette attestation, et de voir avec quelle
ignominie *Lesueur a été chassé*. « M. Lesueur a
» honoré la musique religieuse par les talens
» extraordinaires qu'il a développés dans l'église
» de Paris. Nous n'avons que des louanges à lui
» faire pour l'éducation excellente qu'il donnait
» aux élèves *enfans-de-chœur*. Elle était le résul-
» tat de l'excellence de la sienne. Nous formons
» tous des vœux ardens pour que sa probité, ses
» bonnes-mœurs, sa conduite irréprochable, lui

» conservent dans le monde la considération qu'il
» mérite. Nous jouirons de la gloire musicale qui
» l'attend, et nous partagerons ses triomphes ».

Muni de cette attestation, Lesueur se retira chez M. Bochard de Champigny, chanoine de Notre-Dame, où il trouva tout-à-la-fois les bienfaits d'une hospitalité gratuite et les soins de l'amitié la plus tendre. Là il songea sérieusement à faire rendre justice aux créanciers et fournisseurs de 1787; mais bientôt arriva la révolution de 1789, sans qu'il ait pu y parvenir. La suppression du chapitre avait déterminé M. Delarivière à porter leurs justes réclamations au comité ecclésiastique de l'Assemblée-constituante, où il fut arrêté que cette dette serait prélevée sur les pensions des chanoines; et, à cet effet, les pièces furent renvoyées à la commune de Paris : mais Lesueur, voyant que cette mesure pouvait entamer la modique existence conservée aux chanoines, n'en poursuivit point l'exécution. Il abandonna, dès ce moment, toute l'affaire, en se promettant bien de payer lui-même la dette du chapitre, aussi-tôt que ses premiers ouvrages seraient représentés. C'est en effet ce qu'il effectua quelques années après. A l'exception des artistes qui, sachant que Lesueur acquittait de ses deniers la dette d'autrui, eurent la générosité de faire le sacrifice de leurs honoraires, les frais de copies, les ports d'instrumens, les repas de cent et deux cents couverts, tout fut payé par Lesueur sur les représentations de la *Caverne*, et sur la vente de la partition de *Télémaque*. C'est ainsi qu'il réalisa ce qu'il avait autrefois promis au grand-chantre de Notre-Dame. Voila, citoyen conseiller – d'état, les *friponneries* de Lesueur. Voilà l'histoire exacte de sa *honteuse expulsion* du chapitre de Notre-Dame !

C'est à la fin de 1788 que Lesueur fut accueilli dans la maison de M. Bochard de Champigny, qui jouissait alors d'une immense fortune. Il y demeura sans interruption jusqu'à la fin de 1792 , pour se livrer exclusivement à la composition dramatique, et pour y recueillir mille témoignages de bienveillance et d'affection de la part d'une foule de personnes recommandables qui fréquentaient alors la maison de M. de Champigny.

Je puis nommer entr'autres, le savant et infortuné Bochard de Saron, premier président du parlement de Paris, et depuis sacrifié en l'an II ; le général Menou, à qui sa brillante défense d'Alexandrie assigne un rang distingué parmi les généraux français ; M. de Choiseuil, neveu du célèbre ministre de ce nom ; M. Dessoles, oncle du conseiller-d'état actuel, et que le gouvernement vient d'appeler à l'un des sièges épiscopaux du midi ; MM. d'Espinasse et de Malaret, tous deux alors, et encore maintenant grands-vicaires de la métropole de Paris. On distille aujourd'hui le fiel et l'infamie sur la moralité de Lesueur : voilà des témoins irrécusables de sa vie privée. J'en ai mille autres aussi respectables, et que d'un seul mot je puis invoquer. Qu'on les interroge ; ils valent bien, ce me semble, d'obscurs et vils diffamateurs, que la fièvre de nuire possède, que le poison de la haine et de l'envie dévore. Ah ! que la rivalité s'attache à dégrader le talent de Lesueur et à déprécier ses ouvrages ! je ne vois là que la destinée d'un homme de génie ; mais moi qui depuis tant d'années lis dans le cœur de mon ami ; moi qui connais sa plus intime pensée ; moi qui tiens les secrets les plus cachés de sa vie ; non, je ne concevrai jamais qu'on ait même pu songer à l'atteindre sous le rapport de la probité et des mœurs. Oh ! c'est bien alors qu'il m'est impossible de me défendre d'un sentiment d'indignation et de mépris contre l'espèce humaine (1) !

----

(1) Voici une anecdote assez piquante de la vie de Lesueur, et qui peut donner une juste idée de sa personne : Pendant son séjour chez M. de Champigny, il passait habituellement les nuits au travail. Son bienfaiteur, après lui avoir fait long-tems d'infructueuses remontrances à ce sujet, avait fini par donner l'ordre

A la fin de 1792 , Lesueur perdit son bienfaiteur et son ami. Il se retira d'abord dans un mo

---

chez lui de ne lui laisser qu'une lumière suffisante
pour l'éclairer au plus tard jusqu'à minuit. Lesueur
composait la *Caverne*. Un certain soir , la bougie se
trouve par hasard plus longue que ne comportait l'ordonnance. C'était en hiver. Lesueur était au milieu d'un
chœur.... ; la lumière s'éteint. Le voilà dans l'obscu-
rité, poigné du desir de développer le plan du morceau
qu'il tenait. Il craint de l'oublier s'il s'endort.... Où
trouver de la lumière ? Tout le monde repose ; toutes
les portes sont fermées. Au milieu de son impatiente
anxiété, il jette les yeux dans l'âtre de sa cheminée; il
y voit deux tisons mourans. C'est un bienfait du ciel !...
Vîte le soufflet en main, il rapproche ces deux précieux
débris; son bucher n'était pas heureusement dégarni.
Il parvient à faire un grand feu : le voilà au comble de
la joie. Il s'asseoit , tenant son cahier sur ses genoux.
Nouvelle contrariété : la réflexion de la flamme n'arrive
pas jusqu'à sa plume. Comment faire ? « Le chœur de
» la *Caverne* n'est pas fini ! Ce chœur va m'échapper » !
Il écarte sa chaise; le parquet va devenir son bureau.
Il se couche à plat ventre. Oh ! pour cette fois, il a
toute la lumière de son âtre. La besogne marche. Six
heures du matin sonnent. M. de Champigny, qui avait
l'habitude de se lever de bonne heure et avant le jour,
traverse la cour sur laquelle donnaient les fenêtres de
Lesueur. Il apperçoit à travers les vîtres une lumière
rougeâtre qui l'inquiète. Il monte doucement avec son
portier. Il ouvre brusquement la porte..... Soudain

deste appartement, rue Saint-Sauveur, ensuite rué de la Sourdière, puis dans le faubourg Montmartre, jusqu'en octobre 1797. Dans cet intervalle il fit représenter en 1793, et à l'âge de 29 ans, l'opéra de la *Caverne*. Il refondit presqu'en entier sa partition de *Télémaque*, et il composa *Paul* et *Virginie*. Au mois de messidor, ou thermidor de l'an II, il fut tiré de sa retraite pour faire partie de l'Institut national de musique, dont le cit. Gossec était le chef. Qu'on interroge encore ses anciens voisinages et ses alentours dans les divers quartiers qu'il a habités? Que l'on scrute sa conduite et ses actions? mille témoignages unanimes et les plus honorables vont s'élever en sa faveur. Ils diront que par-tout Lesueur a porté à l'excès son goût pour la retraite, sa passion pour l'étude; que partout il a laissé l'ineffaçable impression du désintéressement, de la vertu et des bonnes mœurs.

Par une loi du 16 thermidor de l'an 3, l'institut national de musique fut réorganisé sous le titre

---

avec l'accent de l'effroi : « Est-ce qu'il s'est trouvé mal!... » Que fait-il donc là ?...... — Je fais la *Caverne* ». Grands éclats de rire!.... M. de Champigny réveille toute la maison pour lui apprendre une aventure aussi étrange, et que Lesueur trouvait si simple. Un homme aussi passionément laborieux, peut-il être vicieux et méchant?

de Conservatoire de musique , et Lesueur fut nommé l'un des inspecteurs de cet établissement.

J'intervertirais l'ordre de ma discussion , si j'allais , citoyen conseiller d'état, vous retracer la conduite de Lesueur, depuis sa nomination au Conservatoire jusqu'à ce jour. Ici donc je m'arrête sur sa vie historique , et il ne me reste , pour completter ce premier paragraphe de sa justifi— cation, qu'à vous dire mon opinion individuelle sur le caractère de son talent.

Lesueur est doué d'une sensibilité qui est autant le résultat de sa composition physique, que de son excellente éducation. Les vibrations de la mélodie ont sur le méchanisme de ses nerfs et de ses fibres, une action aussi puissante que celle de l'archet sur des cordes bien en harmonie. Avec une semblable organisation matérielle , on ne peut sentir qu'avec enthousiasme les arts qui , comme celui de la musique , sont placés dans la sphère du *BEAU IDÉAL.* Quel est l'amateur ardent, qui n'ait pas quelquefois contemplé un artiste de génie dans la chaleur de ses compositions et de leur exécution ? Son œil s'aggrandit et s'anime. Sa houpe nerveuse s'agite visiblement et retentit dans toutes ses ramifications. Sa physionomie se décompose et se spiritualise. Une sorte de transfiguration su bite dérobe l'homme à la vue comme à la pensée. Il semble environné d'une suavité aérienne qui s'exhale de la mélodie pour enivrer les sens, et qui est le caractère le plus entraînant de sa toute-puissance. On s'élève avec lui sur les célestes hauteurs de la région musicale. La terre s'oublie. Les affections pénibles s'évanouissent. On nage dans des sensations délicieuses et inexprimables. Le charme tombe avec la mélodie, et bientôt on reconnait cette fugitive absence de soi-même, aux douces larmes qui inondent la paupière.

Tel est l'irrésistible empire de cet art enchanteur, à qui la nature a, en quelque sorte, confié le don des miracles. Non, ce n'est point une narration fabuleuse que les prodiges de la lyre d'Orphée. La mélodie étend son domaine jusques sur les corps inanimés. Sa puissance a l'effet et la rapidité de l'étincelle électrique. Son origine remonte au berceau de l'espèce humaine. Elle est une inspiration céleste attachée au soufle créateur qui anima le premier homme, et la ligne de communication qui l'unit à son auteur. Elle doit être la parole de l'Éternel, puisqu'elle est ici bas le langage involontaire de l'homme bénissant son créateur, du citoyen célébrant les héros.

C'est pour avoir aussi vivement senti l'art musical, que Lesueur à peine à l'aurore de son âge y a d'abord placé le foyer de toutes ses affections. (1).

Lesueur, dévoré du sentiment de son art, sut de bonne heure calculer tous les effets de sa puissance, et dès-lors il conçut le noble projet d'arracher à cet art le masque de frivolité dont il est enveloppé dans l'opinion

(1) La passion de Lesueur pour son art n'a point altéré la pureté de son âme. Il est et fut toujours inaccessible à l'envie. La tendre et éternelle amitié qui m'unit à lui, la haute opinion que j'ai conçue de ses talens et de sa personne, ne m'ont jamais aveuglé au point de grossir la tourbe importune et fanatique de ces coryphés bannaux dont s'environnent les petits génies, et qui s'en vont criant dans les cotteries et sur les places publiques : « Avez-vous vu l'ouvrage de mon » ami? c'est une musique superbe! Il n'y a rien de si » beau » ! Moi j'ai la conviction que plusieurs des collègues de Lesueur, qui sont comme lui chefs du Conservatoire, l'ont très-souvent égalé, et peut-être même en quelques endroits surpassé. Ce que je dis ici, je l'ai redit cent fois à Lesueur avec ma franchise ordinaire, et cent fois Lesueur me récitait avec enthousiasme les chefs-d'œuvres de ses *rivaux vivans*, pour m'en indiquer la conception, m'en développer les beautés, et en quelque sorte m'en communiquer la verve. Lesueur a-t-il sur ce point beaucoup d'imitateurs?

générale, pour lui assigner un rang distingué dans les arts utiles. Aussi c'est uniquement à l'art musical qu'il a ramené toutes ses lectures, toutes ses méditations et toutes ses veilles. Il n'a vu et ne voit encore la nature, les hommes et les choses que sous un seul aspect, celui de la musique et de la mélodie.

Tout plein de l'idée d'ennoblir et d'utiliser son art, il s'est particulièrement attaché à lui découvrir des faces augustes et imposantes, de vastes et profondes perspectives, et un plus grand accroissement de puissance. Pour arriver à ce but, il a envisagé la musique autant comme compositeur que comme *historien* et *observateur*. On lui devra bientôt *un traité général sur le caractère mélodique de la musique théâtrale et imitative* dont il s'occupe depuis vingt ans, où l'on admirera, j'ose le prédire, l'immensité de ses recherches, l'abondance et la richesse de ses matériaux, la sagacité de ses rapprochemens, la profondeur de ses vues et les magnifiques attributions dont il décore l'art musical. L'antiquité nous a laissé, dans presque tous les arts, des modèles de perfection qui, dans les beaux siècles modernes, ont reproduit de nouveaux chef-d'œuvres. La musique, par sa fugitive essence, est, peut-être, le seul des beaux arts, sur lequel la main du

tems ait exercé ses plus grands ravages. A peine
nous reste-t-il quelques légers débris de l'antique
mélodie des Grecs, et quelques livres élémentaires. Lesueur a senti ce qu'une si grande
perte pouvait avoir de funeste pour son art.
Il s'est, dès-lors, essentiellement appliqué à
deviner, en quelque sorte, la mélodie des anciens,
par le rythme de leurs poésies lyriques. A force
de méditations et de recherches, il est parvenu
d'abord à quelques résultats satisfaisans. Aban-
donnant ensuite les langues anciennes pour analyser les poésies lyriques de la plus harmo-
nieuse de nos langues vivantes, de celle qui
prend plus immédiatement sa source dans les
langues anciennes, et qui s'en rapproche davantage par sa contexture et par ses formes ; son cœur
a palpité de joie quand il y a rencontré la même
facture, les mêmes règles, et pour ainsi dire, la
même ordonnance. Il s'est emparé avidement de
ces belles partitions musicales, qui, depuis le
siècle de Léon jusqu'à nos jours, ont illustré
l'Italie. Par-tout, il a reconnu que chez nos
grands maîtres, le rythme mélodique s'encadrait
dans le rythme poétique, et il en a tiré cette
conséquence invincible, qu'il n'y a point de
mélodie sans rythmopée. Passant des partitions
italiennes aux partitions allemandes et anglaises,

toujours il a trouvé les mêmes résultats; toujours dans le chant, le rythme mélodique. en parfait accord avec le rythme poétique. La langue de son pays était la seule qui ne connaissait point l'inappréciable avantage du rythme poétique , propre au *chant.* Lesueur a vu dans l'absence de ce puissant moteur de la mélodie, la principale cause de la dégradation où s'est trouvé l'art musical en France , jusqu'à l'apparition de Gluk et de ses glorieux rivaux. « Pourquoi ,
» s'est-il demandé à lui-même , notre langue,
» déja si riche de tant de chef-sd'œuvres litté-
» raires, et qui est la langue universelle de l'Eu—
» rope, n'aurait–elle pas aussi son rythme poé-
» tique particulier au chant , et préparé pour la
» mélodie vocale qu'il *doit recevoir?* Nous avons
» égalé et surpassé nos voisins dans tous les arts,
» et ils seraient nos maîtres dans l'art musical ! ..
» Il faut aussi créer en France une rythmopée
» poétique, susceptible de se marier sans peine
» avec la rhytmopée musicale, sans quoi il n'y
» a point de CHANT PARFAIT ... »

Le sentiment des syllabes fortes et faibles de notre langue, par l'application de la mélodie, a produit cette belle et utile découverte. Lesueur a su la réduire en principes élémentaires si simples , si faciles et si clairs , qu'elle est à la portée de tous les jeunes élèves, pour peu qu'ils aient le plus léger tact de la mélodie (1), et il en a fait aujourd'hui la base principale de son éducation musicale.

Cette première idée fut pour lui le type d'une nouvelle conception dans son art. Le sentiment du rythme le conduisit à déterminer la matière

---

(1) Dans une seule conversation, j'ai connu le rythme poétique de notre langue, et j'ai eu l'occasion de l'exécuter dans deux ouvrages que j'ai faits il y a sept ans, à mes momens de loisirs, et dont Lesueur a composé la musique. Je suis tellement pénétré de la nécessité du rythme dans la poésie chantée, qu'il me serait impossible désormais de m'en affranchir. L'un de nos meilleurs auteurs lyriques, qui se distingue autant par la correction du style que par les graces et la vivacité de son imagination, a senti la puissance et l'utilité du rythme poétique, puisqu'il l'observe avec succès dans presque tous ses ouvrages. Je desire que Lesueur engage franchement une discussion polémique sur cette brillante découverte; je desire que le public et l'Institut de France soient constitués ses juges, et je prédis hardiment qu'avant un an il sera reconnu qu'il n'y a point de poésie *matériellement* lyrique en France, et le système de Lesueur sera peut-être décrété dans la République des Lettres, comme l'une des parties grammaticales et intégrantes de la poésie française, quand le poëte lyrique la destinera, non au *récitatif*, mais au *chant*, à la *mélodie vocale*.

et l'essence constitutives de la musique, en fixant les limites qui séparent la *déclamation* pure, du *récitatif*, et le *récitatif*, de la *mélodie*, trois élémens distincts, trop souvent confondus par quelques-uns de nos compositeurs modernes. Il a démontré que la *déclamation* était une matière aussi hétérogène à la *mélodie musicale* qui a ses *moyens essentiels* et *particuliers*, que le marbre l'est à la peinture, et que la toile et les couleurs le sont à la sculpture ; que c'est pour avoir amalgamé la *déclamation* à la *mélodie*, que nous avons eu quelquefois dans ces derniers tems un luxe d'harmonie bruyante, hachée et raboteuse, qui étouffait tous les charmes de la mélodie. Enfin, et toujours en suivant la chaîne de ses découvertes et de ses idées, Lesueur est parvenu à poser dans l'art musical les principes de l'*hypocritique*, qui avait été sentie par les grands maîtres, sans avoir songé à la raisonner. J'entends par *hypocritique*, cet accord parfait et simultané des traits mimiques et pittoresques de l'orchestre avec l'action de la scène, et avec l'attitude et les mouvemens de l'acteur chantant (1). C'est ainsi que l'orchestre

---

(1) On se rappelle comment les accens rythmiques de l'orchestre de *Piccini*, de *Paësiello*, de *Sarti* et de

s'identifie à l'œuvre du poëte, du compositeur, et du comédien ; et c'est de l'harmonie de ces divers élémens entr'eux, c'est de cette grande et imposante ordonnance , que résultent les plus puissans effets de l'art musical.

Voilà , citoyen conseiller d'état , l'un des hommes que vous avez à juger. Voyons l'autre.

§. I I.

Ambition du citoyen Sarrette ; l'historique de ses progrès , et des entraves qu'il a rencontrées dans Lesueur.

J'AI promis au citoyen Sarrette de ne point retracer les évènemens de sa vie. Je porterai plus loin la générosité ; je ne veux pas même nommer ses anciens amis et protecteurs, bien que peut être , cette digression n'aurait pas été sans utilité pour la justification de Lesueur. Je ne parlerai pas non plus de la différence de leurs opinions politiques. Il n'y a plus aujour- d'hui en politique qu'une seule opinion, celle du gouvernement actuel, fortifiée par l'admi- ration et l'amour que l'on porte à son illustre

---

Cimarosa, imprimaient leurs mouvemens imitatifs à la pantomime musicale de *Ste.-Huberti*, de *Mandini*, de *Morichelli*, etc.

Chef. D'ailleurs, la révolution française n'appartient plus à ses contemporains. Elle est le domaine
de la postérité. Elle seule distinguera les citoyens
ardens, égarés à la lueur des phosphores phi-
losophiques, qui blanchissaient en 1789 tous
les points de l'horison français, de l'homme
pervers, qui a spéculé froidement sur les dé-
sordres de l'anarchie, pour assouvir sa haine et
rassasier sa cupidité. Je ne prendrai donc le
citoyen Sarrette qu'au moment de son apparition dans l'atmosphère musical.

Si l'on en croit le citoyen Sarrette dans le
mémoire qu'il vient de publier, il semblerait
qu'en 1789, au moment où la révolution éclatait,
il s'est attaché au dépôt des gardes-françaises,
et que là, *avec quarante-cinq musiciens pro-
venant de ce dépôt, il forma le noyau de la
musique de la garde nationale parisienne* (1),
qui est demeurée à la charge du corps municipal
de Paris jusqu'au mois de janvier 1792, époque
de la suppression de la garde nationale soldée.
Le citoyen Sarrette prétend également que depuis

---

(1) Page 17 d'un écrit imprimé sous le titre de *Recueil des pièces à opposer à divers libelles soi-disant
dirigés contre le Conservatoire de musique, recueil* dans
lequel Lesueur est nominativement diffamé.

le mois de janvier 1792, jusqu'en juin de la même année, *il resta chargé de l'entretien des artistes dont le nombre*, suivant lui, *s'élevait à 78.* Cela suppose une très-grande opulence acquise au citoyen Sarrette, avant la révolution, et dès-lors un désintéressement aussi rare qu'exemplaire. Au mois de juin, le citoyen Sarrette dit avoir sollicité, au nom des artistes, et obtenu de la municipalité l'établissement d'une *école gratuite de musique*, qui demeura en activité jusqu'au mois de brumaire an 2, époque à laquelle la convention créa un *institut national de musique.*

Je m'arrête un moment à cette époque. Les faits dont je viens de rendre compte ne peuvent pas être contestés. Ils me sont révélés par le rédacteur du *recueil* imprimé en faveur du citoyen Sarette. Ce rédacteur n'a lui-même publié ces faits que *pour faire connaître les services que le citoyen Sarrette a rendus à l'art musical, et les raisons qui doivent le rendre cher à tous les membres du Conservatoire* (1). J'avoue qu'en lisant cette phrase, je m'attendais à des services éminens et tels que l'art musical, sans le citoyen Sarrette, eût été anéanti en

---

(1) Expressions du *recueil*, page 17.

France. Je médite la longue série de ces prétendus services rendus depuis 1789 , jusqu'au
mois de brumaire an 2 , et je vois qu'en effet ,
le citoyen Sarrette a bien pu conserver , en
France , quelques instrumens à vent du premier
ordre , que peut-être la révolution aurait dispersés , et dont la perte serait aujourd'hui irréparable. Je vois que *l'école gratuite de musique*
a réellement fourni à nos armées , de nombreux
corps de musique, formés non pas par le citoyen
Sarrette, qui n'est pas et n'a jamais été musicien,
mais par des professeurs distingués que le
gouvernement soldait. Je vois enfin , que le
citoyen *Sarrette* , aidé d'une grande fortune,
a bien pu , pendant l'espace de cinq mois,
(s'il faut l'en croire), frayer de ses deniers *à
la solde et à l'habillement de 78 musiciens
de la garde nationale* ; mais, en vérité, je ne
vois pas où sont ces *immenses services* que par-là
il a rendus à l'art musical ; ces services qui
*doivent le rendre si cher à tous les membres
du Conservatoire* ; ces services , en un mot,
qui ont motivé cet arrêté du 10 germinal an 10
(assez mal-adroitement publié), en vertu duquel les membres du Conservatoire doivent
élever dans leur sein à la gloire du citoyen Sarrette,
UN MONUMENT DE LEUR GRATITUDE !...

Assurément , le citoyen Sarrette ne prouvera point que la dernière étincelle de la flamme musicale en France , ait été recueillie *dans le dépôt des gardes françaises* , et de-là , transférée dans une *école de musique* purement militaire. Il ne prouvera pas que des artistes dont plusieurs, il est vrai , brillent par un talent supérieur , mais qui n'ont tous pourtant que le mérite de l'exécution instrumentale , composaient alors à eux seuls le bataillon sacré des *Pergolèze* , des *Jomelli* , des *Gluk* , et des *Sacchini* ; enfin , il ne prouvera pas que le foyer de l'art musical *brûle* essentiellement *dans l'exécution* , et que ce foyer n'est seulement que réfléchi dans la *composition.*

Mais , dira-t-on , c'est le citoyen Sarrette qui a proposé à la Convention nationale , au mois de brumaire de l'an 2, la formation de l'institut national de musique , principe organique du conservatoire ; c'est lui qui , au mois de thermidor de l'an 3, a déterminé son organisation définitive. Le citoyen Sarrette en est donc le fondateur , et à ce titre on pouvait élever à sa gloire, *un monument de gratitude.* Oh ! qu'il me soit ici permis de revendiquer les droits d'autrui et de m'élever avec force contre cette aveugle et servile adulation, qui pare un Ther-

site des lauriers et de la récompense d'Achille.
Le citoyen Sarrette a pu concourir, par ses
sollicitations et ses démarches, à la plus prompte
formation du Conservatoire ; mais les élémens
même de cet établissement répugnent à l'idée
qu'il en ait jamais été, soit l'inventeur, soit le
fondateur, soit même l'occasion.

Des artistes éprouvés, et dont l'opinion devait
être assurément plus influente en matière de musique, que celle du cit. Sarrette, ont démontré à
la Convention nationale que, par la suppression
des écoles religieuses, l'art musical penchait vers
sa ruine ; qu'il était urgent de les remplacer par
une institution publique, qui embrasserait l'art
dans ses premières attributions, celles de l'*enseignement* et de la *composition*. Si l'on n'eut alors
considéré que le besoin de propager le talent de
l'exécution, l'établissement était tout formé dans
l'école gratuite de musique : il n'y avait qu'à la
conserver ; mais on sentit la nécessité d'une institution plus vaste et plus utile. Ce fut d'une part,
pour la compléter en centralisant toutes les
branches de l'enseignement ; de l'autre, par esprit
d'économie, que l'école gratuite a été secondai-
rement et accessoirement amalgamée à la conception générale d'un Conservatoire. L'idée d'un
Conservatoire étant une fois adoptée par la Con-

vention nationale, il importait que des chefs, distingués par leurs talens et leur réputation, impri-
massent un grand intérêt à cet établissement nais-
sant. Je le demande au cit. Sarrette lui-même. Si la
convention, à cette époque, l'avait nommé *directeur suprème du Conservatoire ,* comme il est
parvenu depuis à le devenir, quelle sensation un
pareil choix aurait-il produit dans le monde musical et dans l'opinion publique ? Qu'il soit un
moment de bonne-foi; et il conviendra que cette
sensation eût été nulle. Je dis plus. La promotion
du cit. Sarrette aurait peut-être compromis sans
retour la prospérité de ce bel établissement. C'est
ce que la Convention nationale a bien senti, puisqu'elle se fit un devoir d'en confier les rènes
aux cinq premiers compositeurs français dont les
productions faisaient depuis long-temps l'orgueil
de la nation et les délices de l'Europe. Elle a même
voulu, en les appelant par une loi spéciale à ce
poste honorable , qu'une sorte de solemnité politique signalât leurs nominations dans les fastes des
beaux-arts. Oui , c'est en proclamant *Gossec ,
Grétry , Méhul , Lesueur* et *Chérubini ;* c'est
en consignant avec appareil leurs noms dans les
archives de la législation, que la Convention nationale a gravé sur les portiques du Conservatoire
l'empreinte de sa gloire et de sa durée. Allons ,

cit. Sarrette , exécutez-vous de bonne grace, et dites avec moi que voilà les seuls et véritables fondateurs du Conservatoire; qu'à eux seuls appartient un *monument de gratitude*, si des artistes vivans y avaient droit.

Qu'a donc été le cit. Sarrette ? Pour répondre à cette question, il faut remonter de nouveau à 1789 , avec le rédacteur du *recueil de pièces* publiées en sa faveur.

Sans vouloir chercher ici à humilier l'amour-propre du cit. Sarrette, je dois déclarer qu'il n'a pas recueilli les avantages d'une excellente éducation. Il est aussi complettement illétré , qu'étranger aux premières notions de la musique , dont il ne connaît pas même la gamme (1). Le moindre talent d'exécution , soit vocale , soit instrumentale , ne rachète pas encore chez lui cette profonde ignorance d'un art dont il s'est fait le *directeur*. Uniquement versé dans *des comptabi-*

______

(1) Je porte cette opinion sur le citoyen Sarrette, malgré les *oracles* de l'Observateur des spectacles , feuille du 23 thermidor an 10, qui a eu la basse et vile complaisance d'attribuer au citoyen Sarrette les observations sur la musique, qui font suite au *Recueil de pièces*, et qui, suivant *cet OBSERVATEUR, font honneur au citoyen Sarrette , sous le rapport des connaissances comme sous celui du style.*

lités obscures (1) , jusqu'en 1789, le cit. Sarrette prétend avoir *réuni à cette époque le dépôt des gardes-françaises*. Qui lui a conféré cette mission ? Dans quelle vue la lui a-t-on confiée, ou à quel titre se l'est-il appropriée ? Quelle qualification , quelle autorité, ou quelle fonction a-t-il eues dans cette réunion ? C'est ce que ne disent ni le cit. Sarrette, ni son *rédacteur*. C'est ce que pourtant il ne serait pas indifférent de connaître. Heureusement aussi, c'est ce qu'il n'est pas difficile de deviner.

De simple commis de comptabilité, voilà le cit. Sarrette devenu, on ne sait comment, l'économe, l'intendant, et, si l'on veut, le chef de la musique de la garde nationale parisienne. Ce corps est réorganisé en 1792 , sous le titre d'*Ecole gratuite de musique*. Le cit. Sarrette passe encore dans ce nouvel établissement. Le gouvernement y attache des professeurs à sa solde. Mais lui , *Sarrette* , qu'était-il dans cette école ? Etait-il directeur ? était-il professeur ? Non. Quelles étaient donc ses fonc-

---

(1) Le citoyen Sarrette va me dire que je renouvelle ici les imputations d'incapacité qui lui ont été faites dans la *lettre à Pasiëllo*. Cela peut être; mais l'imputation est-elle juste ? voilà la question. Citoyen Sarrette, exhibez vos preuves en musique et en littérature; et alors je vous calomnie.

tions ? C'est encore un mystère. La notoriété publique nous apprend seulement que, constamment étranger à l'art, le cit. Sarrette fut encore l'économe, l'agent comptable chargé du matériel de l'école ; mais que néanmoins il y trancha du chef, en exerçant sur chacun de ses membres une despotique influence, et en s'arrogeant le commandement des fêtes nationales, pour lesquelles il avait une prédilection particulière.

En brumaire de l'an 2, l'école gratuite est fondue dans l'institut national de musique. Plusieurs artistes célèbres, non pas seulement dans l'*exécution*, mais dans la *composition* et *l'enseignement*, des artistes indépendans, comme l'art libéral qu'ils professent, sont placés à la tête de ce nouvel établissement. Le cit. Sarrette s'y introduit encore ; mais à quel titre ? Quelles y ont été encore ses fonctions ? C'est toujours un mystère. Au surplus, voilà enfin une institution musicale établie par une loi. Que va faire le cit. Sarrette ? Quoique sans enseignement, il n'est pas sans pénétration. Fixé depuis quatre années dans un poste qu'il s'est créé, on ne sait ni pourquoi, ni comment, il est jaloux de le conserver. Peut-être même la consistance légale de l'institut de musique, dont il prévoyait l'accroissement, lui a-t-elle dès ce moment suggéré l'idée de viser plus haut qu'au titre modeste d'agent du matériel. Mais pour y parvenir il sent la nécessité de changer de batteries. Il voit des chefs qui en imposent par leur réputation, et qui certes ne se laisseront pas gourmander aussi servilement que l'ont été les membres des précédentes écoles. Il se borne donc à réclamer l'agence matérielle et le commandement des fêtes nationales, parce que c'est chez lui un faible dominant. On veut bien lui laisser cette jouissance; mais d'ailleurs l'institut de musique s'organise sans le cit. Sarrette. Il entre en activité sans lui, et il arrive au 16 thermidor de l'an 3.

A cette époque la Convention nationale venait de décréter constitutionnellement l'une de ses plus belles conceptions. Je veux parler de L'InsTITUT DE FRANCE. La nécessité de changer la dénomination de l'institut de musique, suggéra l'idée de completter son organisation. De-là les deux lois du même jour 16 thermidor an 3, l'une portant suppression de la garde nationale parisienne; l'autre, établissement d'un Conservatoire de musique *pour l'enseignement de cet art.*

Les principales dispositions de ces deux lois sont indispensables à connaître.

1.º « La surveillance de toutes les parties de » l'enseignement dans le Conservatoire, et de » l'exécution dans les fêtes publiques, est con-

» fiée à cinq inspecteurs de l'enseignement ,
» choisis *parmi les compositeurs* (1).

2.° » La Convention nationale nommera les
» cinq inspecteurs de l'enseignement, d'après un
» rapport de son comité (2).

3.° » *Quatre professeurs* pris indistinctement
» parmi les artistes du Conservatoire, *en forment*
» *l'administration* (3) conjointement avec les
» cinq inspecteurs de l'enseignement.

4.° » L'administration est chargée de la police
» intérieure du Conservatoire, et de veiller à
» l'exécution des décrets du Corps législatif, ou
» des arrêtés des autorités constituées relatifs à cet
» établissement.

5.° » Les quatre professeurs (administrateurs)
» sont nommés et renouvellés tous les ans *par*
» *les artistes du Conservatoire* (4).

---

(1) Il n'est pas ici question du citoyen Sarrette, ni
même *de ce noyau d'artistes exécutans qu'il a réunis*
en 1789.

(2) Les cinq inspecteurs nommés furent les citoyens
Gossec, Grétry, Méhul, Lesueur et *Cherubini.* Il n'est
pas encore question du citoyen Sarrette.

(3) Hélas! que deviennent les fonctions du citoyen
Sarrette !

(4) Toujours le citoyen Sarrette mis de côté! Quelle
ingratitude !

6.° » Les dépenses d'administration et d'entre-
» tien du Conservatoire, sont réglées et ordon-
» nancées par le pouvoir exécutif, *d'après les*
» *états fournis par l'administration du Conser-*
» *vatoire* (1) »

Telle est l'analyse littérale de ces deux lois,
dont les autres dispositions ne sont plus relatives
qu'à la formation d'une bibliothèque, à la fixa-
tion des appointemens et à celle du nombre des
élèves. Voilà le titre créateur du Conservatoire.
On y voit *son illustre fondateur* totalement oublié et méconnu. Cet homme précieux, à la gloire
duquel on vote, en germinal an 10, *un monument
de gratitude ,* le voilà dépouillé en l'an 3 , et
par deux lois, de ses modestes fonctions d'agent
du matériel. Les législateurs qui savent que l'indé-
pendance est le souffle vivifiant des beaux-arts ,
ont l'attention de la respecter et de l'affermir jusque dans des détails purement mécaniques. Comment le cit. Sarrette va-t-il se relever d'une
chûte aussi terrible ?

Ici perce le germe de ce génie d'intrigue et de
ces vues ambitieuses , dont le funeste accroissement vaut à Lesueur la persécution qu'il éprouve,

---

(1) Jusqu'à l'agence comptable , citoyen Sarrette !
il faut y renoncer !...

et qui, s'ils ne font pas du cit. Sarrette un modèle d'éducation et de savoir, lui assurent au moins la palme de l'astuce, de la souplesse et de la perfidie.

Après la création du Conservatoire, on s'occupa de son organisation. Le cit. Sarrette avait eu l'adresse de se faire nommer commissaire du gouvernement pour cette organisation. Cette mission était purement temporaire. En trois mois son objet pouvait être rempli, et le cit. Sarrette devait s'éloigner du Conservatoire ; mais ce n'était pas là son but. Il prolongea et il éternisa l'organisation, pour éterniser son emploi ; et dans ce long intervalle, il affecta auprès des cinq inspecteurs la dépendance la plus absolue. Mais, tout en s'occupant de l'organisation, conjointement avec eux, il se chargea en même-temps du matériel et de la comptabilité. Il avait appris depuis plusieurs années à pénétrer le caractère des artistes, à juger leur insouciance en matière d'administration ; l'incompatibilité de semblables détails avec l'amour de l'étude et la passion de l'art. Il avait senti qu'à force de soins, d'exactitude, de travaux et de zèle, il finirait par devenir un agent indispensable. Il arriva bientôt à ce premier terme de son ambition. C'est alors qu'il jetta furtivement un œil de tentation sur l'enseignement qu'il vouloit assujétir à sa puissance, comme il y avait assujéti graduellement l'administration toute entière. Aucun des cinq inspecteurs ne s'appercevait des usurpations souterraines du cit. Sarrette, parce qu'il avait l'art de colorer sa conduite du spécieux prétexte de la prospérité du Conservatoire.

S'il faut cependant en croire la notoriété publique, l'un des cinq inspecteurs avait eu à cette époque l'attention de remarquer les progrès insensibles du cit. Sarrette, et d'en pénétrer l'objet. Cette découverte aurait même été la cause de sa démission. Le cit Sarrette fait aujourd'hui publier dans son *recueil*, une pièce qui semblerait donner un démenti à ces bruits. Je dois ajouter foi à l'authenticité de cette pièce, bien que peut-être la notoriété n'en soit pas pour cela détruite ; mais ce que je ne puis passer sous silence, c'est le discours d'adieu prononcé par ce célèbre artiste devant ses collègues, lorsqu'il déposa dans leurs mains sa démission. Je n'en rapporterai point les termes ; mais Lesueur en garantit l'esprit; et, sur la foi d'un ami, dont à mon tour je garantis la véracité, je ne crois pas être irréfléchi en publiant les circonstances de cet adieu.

« Vous êtes ici, dit-il à ses collègues, les direc-
» teurs de l'art et les chefs de l'établissement.
» J'aime à penser que vous sentirez assez la
» dignité de vos fonctions, pour ne laisser jamais

» d'intermédiaire entre vous et l'autorité supé-
» rieure. Si vous voulez le bien et la conserva-
» tion de l'art, comme je n'en doute point, vous
» communiquerez toujours directement avec l'au-
» torité, par le président temporaire que vous
» continuerez de nommer entre vous, à tour de
» rôle. Vous tiendrez à l'esprit et à la lettre de
» vos attributions, qui vous prescrivent l'inspec-
» tion de l'enseignement à faire par vous-mêmes
» et non par d'autres qui, n'ayant aucune con-
» naissance en musique, pourraient occasionner,
» sans le savoir, de grands maux et la subversion
» de l'art ».

Le cit. Sarrette protesta devant l'inspecteur démissionnaire et ses autres collègues, qu'il n'était
jamais entré dans sa pensée de vouloir influencer
l'art, ni empiéter sur l'autorité des chefs de l'enseignement; qu'il ne demanderait ni n'accepterait
jamais dans le Conservatoire aucune place relative à l'art, etc. « *Dieu le veuille*, répondit
» l'inspecteur démissionnaire, et l'art sera bien
» dirigé par les chefs de l'enseignement ». Nous
allons voir comment le cit. Sarrette a exécuté sa
promesse.

Débarrassé d'un chef trop clairvoyant, il songe
sérieusement à se créer dans le Conservatoire un
poste indépendant de la volonté des inspecteurs,

qui depuis l'organisation avaient le droit de provoquer sa retraite. Il leur insinue qu'ils doivent,
pour leur propre intérêt, détacher de leurs attributions quelques branches hétérogènes, qui absorbent un tems qu'ils emploieraient plus agréablement
dans leur cabinet. Par exemple, les inspecteurs
depuis long-temps ne se mêlent plus de l'administration matérielle que pour la forme. La direction des bâtimens, la police des classes, les com-
munications avec l'autorité, tout cela est d'une
sujétion pénible. Pourquoi ne pas réunir toutes
ces parties, et en former une place en faveur du
cit. Sarrette ? lui qui depuis long-tems s'est dévoué
au Conservatoire ; lui en qui l'on est forcé de
reconnaître le mérite d'un bon administrateur. Cette
place d'ailleurs ne lui attribuera aucune suprématie
sur l'art. Les inspecteurs n'en seront pas moins les
chefs de l'enseignement. Le piège était préparé de
longue main. Il était adroitement tendu. Les inspecteurs y donnent. Un mémoire à l'autorité est
rédigé dans cet esprit. Lesueur y voit la signature
de ses collègues. Aveuglé comme eux, il y met la
sienne.

Le cit. Sarrette, en demandant hautement un
emploi stable dans le Conservatoire, convoitait
tout bas la direction suprême de l'enseignement,
pour prendre, de ce nouveau point d'appui, un

nouvel essort. Son but était de se servir de la main
même des inspecteurs, pour élaguer et éclaircir
leur propre autorité. C'était un coup de maître bien
hardi. Comment amener ostensiblement les inspecteurs à se dépouiller de la plus belle de leurs attributions ? Le cit. Sarrrette n'est point embarrassé.
En même tems qu'il sollicite l'agrément des inspecteurs, pour être l'administrateur comptable du
Conservatoire, il leur fait sentir la nécessité de perfectionner, dans un réglement général, l'organisation intérieure de cet établissement. Il les consulte
sur le régime de l'enseignement ; mais il ne consulte que lui sur les attributions du directeur ;
place, qu'*in petto*, il entend bien s'appliquer. Il
déguise adroitement par quelques réticences et
par quelques dispositions ambigües, la suprématie
qu'il s'arroge. Il élude vis-à-vis des inspecteurs la
question de supériorité. Ceux-ci approuvent le
projet de réglement, et au mois de germinal an 8,
le cit. Sarrette le fait adopter par le Ministre.

J'ai lu avec une extrême attention ce règlement ;
et, quoiqu'il renverse toute l'économie des deux
lois du 16 thermidor an 3 ; quoiqu'il consacre dé-
finitivement la toute-puissance du cit. Sarrette
sur l'art musical, il m'est pourtant bien doux d'y
avoir trouvé la réfutation complète des attaques
dirigées contre la *prétendue nullité* du Conserva-

toire (1) , et contre les *prétendus dangers de son* *institution* (2). Les inspecteurs y ont consigné d'excellentes dispositions sur l'enseignement ; et j'atteste d'avance, qu'en réformant les usurpations du cit. Sarrette, et en adoptant quelques nouvelles améliorations , le Conservatoire sera une pépinière inépuisable et sans cesse renaissante de compositeurs et d'artistes du premier talent.

Mais, tout en admirant le réglement du Conservatoire, comment ne pas admirer aussi l'incomparable adresse du cit. Sarrette qui , pour mieux cimenter sa toute-puissance, a trouvé le moyen de l'incruster dans un monument de réflexion et de sagesse ? Il entre dans l'objet que je me propose, d'analyser briévement ici les dispositions du réglément, qui ont été faites *par* et *pour* le cit. Sarrette ; dispositions que j'appelle *vicieuses* , et dont la réformation est indispensable.

Le règlement est divisé en deux parties ; l'une intitulée *Dispositions principales de l'organisa-*

---

(1) Cette attaque est consignée dans la lettre à M. Paësiello.

(2) Assertion aussi absurde que méchante du *Censeur*. Dans une institution créée pour l'enseignement des deux sexes, il est impossible d'avoir environné les mœurs de précautions plus sévères et plus sages.

tion du Conservatoire ; l'autre , *Règlement du Conservatoire.*

Dans la nomenclature des emplois, qui fait partie des *dispositions principales* , figure en première ligne UN DIRECTEUR, *et sous lui* cinq inspecteurs.

« Le directeur remplit les fonctions adminis-» tratives , et exerce *la surveillance générale de* » *l'établissement* ».

Voilà les cinq inspecteurs dépouillés (sans qu'ils s'en soient doutés) de cette surveillance générale qui leur avait été si sagement attribuéepar la loi du 16 thermidor an 5.

« Les inspecteurs surveillent l'enseignement , » examinent les élèves , *et professent les parties* » *d'étude ,* etc. ».

Voilà les inspecteurs, chefs nés de l'établisse-ment, et qui en avaient eu jusqu'alors la direction suprême, les voilà qui tout doucement descendent aux modestes fonctions de *professeurs.* Le citoyen Sarrette n'a fait qu'un saut pour monter à leur place.

Au titre II. art. 5 du réglement, je vois que « les inspecteurs examinent les aspirans aux places » d'élèves; ils forment une liste de candidats pour » chaque genre de places; et, d'après cette liste, » *le directeur prononce l'admission des élèves* ».

Ainsi, les inspecteurs du Conservatoire, ces hommes dont l'art musical s'honore, n'ont que la faculté d'indiquer les élèves, et le cit. Sarrette, qui ne connaît pas les premiers élémens de cet art, LES CHOISIT !....

Au titre V, art 5, le réglement établit, » à la » fin de chaque trimestre un comité *présidé par* » *le directeur*, dans lequel les inspecteurs se » communiquent les résultats de l'examen qu'ils » ont fait des élèves, et proposent les décisions » relatives à chacun d'eux. *L'inspecteur faisant* » *le rapport, ne peut voter dans ces décisions* ».

On voit toute l'importance d'un semblable comité. On va peut-être y décider l'existence d'un nouveau *Sacchini*, d'un futur *Pergolèze*. Eh bien ! l'artiste rapporteur, le seul peut-être qui aura deviné son génie, est impuissant et muet sur son sort ; et le citoyen Sarrette aura voix délibérative, avec l'influence attachée à la qualité de president !! ... Ce vice organique, qui atteint déjà l'arbre dans sa sève, combien il a de suites effrayantes, quand on réfléchit sur la dangereuse autorité attribuée au citoyen Sarrette dans les titres suivans !....

Titre VI, art. 4 : Il a seul le droit d'accorder ou de refuser des congés aux professeurs. Titre VII, art. IX : «Les délits des élèves contre la police dans

» le Conservatoire, contre l'inexactitude à l'étude
» et *au service prescrit par le directeur*, sont
punissables par cinq degrès de peine ». (Art. 10)
« L'application des trois premiers degrés *est attri-*
» *buée* au directeur du Conservatoire (sans être
» comptable de sa volonté) ; celle des quatrième
et cinquième degrés est attribuée au comité de
» police ». Titre VIII, article premier : Le bureau
de surveillance des classes est composé de deux
membres *nommés par le directeur.* Le titre IX
établit un comité de police chargé de l'application
des dispositions du règlement envers les membres
du Conservatoire, et notamment de l'application
envers les élèves, des deux derniers degrés de punition, *la radiation* et *le bannissement.* «Ce comité,
» *présidé par le directeur,* est composé d'un ins-
» pecteur (un seul inspecteur !) d'un membre du
» bureau de surveillance, et *de quatre professeurs,*
» TOUS *désignés par le directeur* ». Titre XIII,
article 3 : Les élèves ne sont admis à la bibliothèque (où sont les partitions des grands-maîtres)
que lorsqu'ils sont porteurs d'une carte délivrée
par le directeur.

Ainsi le citoyen Sarrette, s'il affectionne telle
ou telle créature qui lui sera bien dévouée ; si la
fierté naturelle à l'homme de génie l'indispose ou
l'irrite ; s'il est haineux et vindicatif ; le citoyen

Sarrette , trop étranger d'ailleurs à l'art musical ,
pour distinguer le génie de la médiocrité, trop
peu généreux pour faire en faveur d'un art qu'il
ne connaît pas , le sacrifice de ses affections et de
son amour-propre; le citoyen Sarrette va décourager des professeurs distingués, en leur refusant des
congés et en leur suscitant des tracasseries; misérable talent dans lequel il est passé maître ! Ce
découragement va influer sur les élèves , en atté-
nuant leurs meilleurs moyens d'instruction , et
peut-être en les privant, sans retour, d'un bon
instituteur et d'un modèle. D'un autre côté, si le
citoyen Sarrette prend en haine tel ou tel inspecteur, tel ou tel professeur , il va froisser son
ennemi par l'endroit le plus douloureux à son
cœur, et en même-temps le plus funeste à l'art.
L'artiste qu'il voudra proscrire aura placé sa complaisance et sa gloire dans un jeune élève , parce
qu'il lui aura reconnu de brillantes dispositions.
Le cit. Sarrette va ravir perfidement ce jeune élève
à son instituteur, pour le placer sous la direction
d'un professeur protégé. Il fera plus peut-être. Il
enlevera à ce jeune homme, en lui fermant l'entrée de la bibliothèque, l'ineffable prérogative de
boire et s'énivrer au *Pactole musical.* Il va créer
de prétendus *délits de police ,* supposer de *prétendues inexactitudes* et *des contraventions au ser-*

vice qu'il aura prescrit. Il ne sait pas, le citoyen Sarrette, que la fougue du génie, quand il est à son aurore, a quelquefois ses écarts, et que ce n'est pas un petit talent que celui de bien appliquer l'indulgence. Le citoyen Sarrette n'écoutera que sa passion et sa haine. Il est le souverain dispensateur des trois premiers degrés de punition. Infortuné jeune homme ! En vain reclamerez-vous l'appui de votre maître. C'est lui qu'on veut mutiler dans votre personne. En vain appellerez-vous le corps imposant des inspecteurs et celui des professeurs.Le réglement est là.Une nullité absolue les paralyse et les enchaîne. Demanderez-vous à être traduit devant le comité de police? Jeune insensé ! Voyez-y le grand inquisiteur qui *désigne et choisit vos juges.* Un fer rouge est dans ses mains. Fuyez précipitamment. La *radiation* et le *bannissement* vous attendent. Ainsi s'évanouiront les plus chères espérances de l'art musical, et avec elles la gloire du Conservatoire, et les jouissances de la postérité ! ! !.....

Qu'ai-je besoin maintenant de parler des autres titres du règlement? Ils accumulent les attributions, et ils entassent la puissance dans la personne du citoyen Sarrette (1). Ils lui confèrent une dic-

____

(1) Titre 14. Dans les séances d'audition des chef-

tature suprême sur l'établissement , sur les élèves, sur les artistes et sur l'art. Il ne reste pas même un fantôme d'autorité aux inspecteurs. Ils sont impitoyablement muselés par l'homme qui naguères était leur bas adulateur, et l'humble exécuteur de leurs volontés.

La dissidence qui règne entre Lesueur et le citoyen Sarrette , date du moment où celui-ci obtint le droit de délibérer sur l'art, comme directeur du Conservatoire. Jusque-là Lesueur n'avait eu aucun démêlé avec lui. Il avait au contraire constamment approuvé son administration maté-

---

d'œuvres , c'est le citoyen Sarrette qui *ordonne l'exécution du répertoire des ouvrages à exécuter , le service et les dispositions d'ordre et de police des séances.* Tit. 15 : On ordonne la formation d'ouvrages nécessaires à l'enseignement. Ces ouvrages sont préparés et arrêtés par des commissions spéciales, présidées par.... le citoyen Sarrette ! Titre 17 : Le citoyen Sarrette *delivre des congés de quatre mois aux membres du Conservatoire* (et conséquemment aux inspecteurs), sous la condition de se faire remplacer; et *c'est lui qui est l'arbitre de ces remplacemens ,* sur l'avis des inspecteurs. Titre 19 : Il y a des assemblées générales périodiques , présidées par le citoyen Sarrette, qui de plus a le droit d'en convoquer d'extraordinaires. On ne doit s'y occuper que de questions relatives à l'art musical. *On verra l'abus scandaleux que le citoyen Sarrette a fait de cette prérogative.*

rielle. Néanmoins, depuis l'an 2, il avait souvent remarqué la prédilection du citoyen Sarrette pour les instrumens à vent, et son goût dominant pour la musique bruyante et militaire (1).

Le citoyen Sarrette, en effet, s'était imaginé dès l'origine du Conservatoire, que le principal but de sa création avait été de recruter la musique des armées, de repeupler les orchestres et d'exécuter les fêtes populaires. Les rapports dramatiques de l'art musical étaient à cent lieues de sa pensée. Et depuis, malgré l'ascendant des inspecteurs, il ne les avait considérés jusqu'en l'an 8, que comme simples accessoires de l'art. Lesueur, envisageait au contraire l'art musical dans sa plus brillante prérogative, celle d'émouvoir et d'enivrer par les charmes de la mélodie. Il préférait au vain fracas des *trombonnes* et des *tuba corva*, l'accent musical qui convient aux cannevas enchanteurs de la mythologie, et aux cadres augustes de la tragédie ou de l'épopée. Plaçant dans la mélodie l'essence

______

(1) La première formation du Conservatoire, en l'an 3, s'est un peu ressentie de l'influence du cit. Sarrette. On y voyait dix-neuf professeurs de clarinettes, six de flûtes, douze de cors, douze de bassons, quatre de serpens, et seulement quatre ou cinq *maîtres de chant!* Heureusement l'équilibre a été rétabli par le règlement de l'an 8, et il sera parfait lorsqu'on aura completté l'instruction de la *vocale*.

de l'art musical, il avait eu souvent l'occasion de
mettre en avant, dans les comités du Conservatoire, ses principes sur la *rythmopée poétique ;*
sur la *déclamation* et sur l'*hypocritique ;* de proposer les moyens d'améliorer l'instruction dans la
partie qui lui paraissait incomplette et trop négligée.
Il voulait un plus grand nombre de professeurs du
chant. Il voulait sur-tout des professeurs de littérature attachés au Conservatoire, et choisis parmi les
membres les plus distingués de nos corporations
savantes et littéraires. Que, dans une discussion
franche et méthodique, les inspecteurs du Conservatoire aient quelquefois combattu leur collègue
Lesueur, cela était naturel. Ils étaient là dans leur
élément et sur leur sol natal; mais croira-t-on que
ces vigoureux athlètes, bien faits pour se mesurer
avec Lesueur, n'étaient pourtant pas ceux qui lui
opposaient de la résistance ? Le citoyen Sarrette, cet
intrépide paladin musical, était le seul qui luttait
avec le plus d'amertume et d'opiniâtreté. On conçoit
facilement qu'il ne réfutait pas Lesueur avec des
raisons; mais Lesueur était l'auteur de quelques
vues utiles sur l'art musical; cela suffisait au
citoyen Sarrette, pour qu'il les trouvât absurdes et
désastreuses. Lesueur avait beau lui prédire qu'un
jour il regretterait bien amèrement d'avoir trop
négligé la *vocale* en faveur des instrumens; qu'un

jour la pénurie des acteurs chanteurs éclaterait à sa honte et à celle du Conservatoire (1), le citoyen Sarrette n'écoutait rien. Sa musique à lui était dans le *chant déclamé*, dans les orchestres *à buccini* et *à gros tambours*. Lesueur s'avisait-il de publier ses idées , comme il l'a fait en partie dans l'élégante traduction d'Anacréon , par le citoyen Gail , en partie dans un discours qu'il a prononcé en l'honneur de Piccini , en partie dans sa lettre à Guillard ? Reproches violens, grande indignation du citoyen Sarrette ! « De quel droit » Lesueur se permet-il d'écrire et d'imprimer » sur son art sans le concours du Conservatoire » (c'est-à-dire sans l'attache du citoyen Sarrette ?) » Lesueur *se met en insurrection* contre l'insti‐ » tution dont il est membre (2) » ? L'insensé ! il

---

(1) L'expérience n'a que trop bien prouvé la justesse de cette prédiction. Nous avons le premier orchestre de l'Europe; mais que la maladie ou le découragement nous enlève sept à huit acteurs chantans , qui sont à la force de l'âge et du talent, la *vocale* est anéantie en France.

(2) C'est-là un échantillon des clameurs du citoyen Sarrette contre Lesueur depuis deux mois. Cit. Sarrette, préparez vîte *un bon certificat négatif qui me donne un démenti.*

ne voit pas que c'est lui qui *s'insurge* contre les arts , en bâillonnant les artistes !....

Il faut pourtant convenir que le système à fracas du citoyen Sarrette , avait pendant un certain tems acquis une espèce de consistance dans l'opinion publique. La manie d'être vigoureux et neuf, avait fait abandonner à quelques compositeurs du premier ordre les plaines fécondes de la mélodie qu'ils cultivaient avec tant de gloire. Ils étaient allé péniblement gravir les âpres et stériles rochers de la *déclamation*. Le public les avait un moment suivi dans cette laborieuse et bruyante excursion ; mais bientôt les sentinelles du bon goût ont sonné l'allarme. La saine doctrine a repris son empire. Le génie a reconnu ses écarts, et les mêmes Hommes ont réparé l'inadvertance d'un moment par des chefs-d'œuvres aussi brillans de facture que riches de mélodie.

C'est peut-être *à un seul mot* du grand homme qui nous gouverne , et qui étend son influence au-tant sur les beaux-arts que sur les destinées du monde ; c'est peut-être à lui que la mélodie a dû son triomphe sur la *déclamation*. Cette puissante impulsion fut pour le cit. Sarrette un coup de foudre qui le réveilla de la léthargie où il s'endormait depuis long-tems au bruit de son école bâtarde. On veut enfin de la mélodie !.... Mais à la mélodie il faut des acteurs chanteurs. Le théâtre lyrique possède encore quelques artistes supérieurs qui soutiennent son antique renommée; mais ce théâtre attend leurs successeurs.... Le citoyen Sar‑ rette jette un œil inquiet sur toutes les branches de l'établissement qu'il commande. Il admire avec justice sa richesse dans la partie instrumentale; mais quelle effrayante disette dans la partie vocale(1)!.... Le citoyen Sarrette reste un moment étourdi. Il voit la prédiction de Lesueur qui va s'accomplir. Comment sortir de cette anxiété ? Ira‑t‑il trouver cet artiste honnête et lui confesser franchement son erreur? Le conjurera‑t‑il de se réunir à ses autres collègues , pour concerter entr'eux les moyens de la reparer (2)? Oh ! que le citoyen Sar :

---

(1) Depuis la naissance du Conservatoire jusqu'au mois de pluviose an 10, il n'est sorti de cet établisse‑ ment pour entrer à l'opéra, qu'un seul sujet digne de ce théâtre; c'est mademoiselle Chevalier, aujourd'hui mad°. Branchu. Ce n'est que depuis la mise de Sémira‑ mis, opéra du citoyen Catel, que le citoyen Sarrette paraît avoir sérieusement songé à fournir des acteurs‑ chanteurs au théâtre lyrique. En voilà trois qui viennent de s'y essayer ; malgré les espérances qu'ils donnent , combien le citoyen Sarrette est encore loin de remplir le vide affreux dont il est l'auteur !

(2) Ce n'est qu'au mois de ventose an 10, dans une

rette n'est pas si simple ! Il a bien d'autres vues et une toute autre ambition que celles de perfectionner l'art. « L'opéra français manque de sujets. On
» va bientôt en accuser mon ineptie. Eh bien !
» *révolutionnons* l'opéra. Je ne suis pas gauche
» dans l'art de *révolutionner*. Supprimons la tra-
» gédie lyrique en France. Mettons à la pension
» les *Maillard* , les *Adrien* , les *Laïs* , les
» *Lainéz* et autres artistes célèbres , puisque j'ai
» oublié de leur former des successeurs. C'est à
» la vérité un singulier moyen de repeupler la
» *vocale* , que d'étouffer les seuls chanteurs qui

---

assemblée générale du Conservatoire , que le citoyen Sarrette a lu des *observations sur l'état de la musique en France,* dans lesquelles, pour la première fois, on propose des vues excellentes sur l'amélioration de la partie vocale. Ces observations, imprimées à la suite du *recueil de pièces,* et dont les idées n'appartiennent qu'aux inspecteurs, sont (suivant une *addition manuscrite* insérée après coup dans l'imprimé), soi - disant l'ouvrage du citoyen Sarrette , sans doute pour le gratifier de la double réputation d'*écrivain* et de *musicien.* Heureusement l'addition manuscrite dévoile le petit manége. En vérité le citoyen Sarrette n'aurait pas eu le courage de se déclarer en assemblée générale l'auteur d'un pareil écrit, bien moins encore il aurait eu celui de l'imprimer; mais une *addition furtive et manuscrite* est si facile !

» lui restent ; mais au moins leurs talens ne mani-
» festeront plus ma funeste négligence et n'im-
» portuneront plus mon orgueil. On veut d'ailleurs
» de la mélodie ; j'irai la puiser à sa source, en
» introduisant sur les débris d'*Alceste*, d'*Iphi-*
» *génie en Aulide*, et d'*Œdipe à Colonne*, les
» opéras sérieux de l'Italie. J'aurai seulement la
» précaution de laisser aux compositeurs français
» qui me sont dévoués, un petit cadre intitulé
» *Opéra de genre*, qui n'attendra de mon éta-
» blissement que deux ou trois chanteurs agréa-
» bles pour moduler l'ariette ; mais d'ailleurs,
» afin de donner à toutes ces innovations une
» assiette imposante, et sur-tout afin d'y trouver
» mon lot, je réunirai à ce nouvel établissement
» la direction des fêtes nationales, et celle du
» Conservatoire. Je feindrai bien pendant quelque
» temps de m'adjoindre deux co-directeurs, et
» notamment le directeur actuel de l'opéra, dont
» l'influence est si nécessaire à l'exécution de mes
» vues ; mais une fois ma grande machine orga-
» nisée, déjà chef suprême des fêtes nationales et
» du Conservatoire, je n'aurai que la main à ouvrir
» pour saisir la dictature d'un établissement dont
» pour cette fois je serai bien le *véritable fonda-*
» *teur*. Enfin, j'embrasserai ce cher objet de ma
» longue et opiniâtre convoitise. Je me serai créé

» une place tout à la fois magnifique et *lucrative*.
» Je deviendrai le dictateur des artistes nationaux
» et étrangers, et de plus le DIRECTEUR GÉNÉ-
» RAL DE L'ART MUSICAL EN FRANCE !!....

C'est, sur-tout, en ce moment, citoyen con-seiller d'état, que j'ose réclamer votre attention. Je touche le noeud de cette abominable intrigue qui déverse aujourd'hui sur mon intéressant ami des flots d'amertume et de tribulations. Je sais qu'il faut obtenir sur ce point décisif votre conviction et celle du public. C'est-là ce qui va maintenant m'occuper.

S'il faut dire ma pensée, je m'attendais que le rédacteur du *Recueil* imprimé pour le cit. Sarrette, allait réfuter cette grave imputation avec quelques développemens. Je n'ai pas été peu surpris quand j'ai vu ce rédacteur passer rapidement snr cette par-tie essentielle de la défense de son patron, comme sur des charbons ardens. « *Fable absurde,* » a-t-il dit, *jetée en avant pour être aussitôt* » *combattue !* Ce qui le prouve, ce sont deux » lettres adressées à Lesueur, par le Ministre de » l'intérieur (1), qui traite lui-même les inno-

____

(1) Il faudra bien y répondre à ces deux lettres, puisqu'elles ont été imprimées et distribuées *avec auto-risation.*

» vations projetées par le citoyen Sarrette ,
» *de bruits dénués de fondement , de fable*
» *ourdie par Lesueur , dans l'intention de se*
» *faire un parti.* « Voilà , citoyen conseiller
d'état , la misérable réfutation proposée pour le
citoyen Sarrette , contre des griefs de la plus
haute importance. Eh bien ! non , les projets
destructeurs de Sarrette, ne sont point *des fables
absurdes.* Il est bien vrai qu'ils ont été forcément
ajournés, graces à l'énergique dévouement de
Lesueur ; mais ils n'en ont pas moins existé.
Peut-être même ne sont ils pas abandonnés ;
et voici mes preuves.

1°. Dans le courant de fructidor an 9, Lesueur
pressait vivement à l'Opéra la mise de la *Mort
d'Adam.* Le citoyen Célérier, alors simple agent
comptable de ce théâtre , lui demande de faire
exécuter chez lui une répétition particulière de
son ouvrage. Lesueur y consent, sous la condition
qu'il n'y serait admis que deux ou trois personnes éclairées , dont il voulait recueillir les
observations. Le citoyen Célerier y appelle
quarante personnes , presque tous ses amis particuliers et dévoués au citoyen Sarrette. On
arrête plusieurs changemens et coupures. Immédiatement après ce premier essai de la *Mort
d'Adam,* on répand par quelques bouches, mais

avec profusion , que cet ouvrage est *une ca-*
pucinade , qu'on amuse Lesueur , que sa pièce
ne sera pas jouée , qu'il fera mieux de la re-
tirer. A la même époque on distribue dans les
sallons , dans les sociétés , et jusque dans les
foyers , *qu'une nouvelle direction va s'installer*
au théâtre des Arts , que la tragédie lyrique
n'est plus de saison ; qu'elle va être remplacée
par des opéras sérieux d'Italie , et par un
opéra de genre français. Ce ne sont là , j'en
conviens , que *des bruits*; mais ont-ils existé ?
Voilà la question. Le citoyen Sarrette dit : *non ,*
parce qu'il est aujourd'hui nominativement accusé ; mais sa dénégation , pas plus que le témoignage du ministre , qui n'était pas dans le
secret, ne peut former un corps de preuve ; moi
je dis que ces bruits ont existé , parce qu'ils
ont étourdi mes oreilles, parce que cent bouches
sont prêtes à les attester. Je fais plus , j'interpelle ici tous ceux de mes lecteurs , sans passion , qui s'arrêteront à ce passage. Qu'ils disent
si *ces bruits sont absurdes et fabuleux.* Ils
doivent ce témoignage à la vérité et à la justification d'un artiste indignement calomnié.

2°. Vers la même époque, un musicien principal, attaché à l'orchestre de l'Opéra, membre du
Conservatoire, initié dans les conciliabules du

citoyen Sarrette , et , après lui , l'un des plus
acharnés calomniateurs de Lesueur , quitte brusquement le double poste qui l'enchaîne à Paris.
Il part pour l'Italie, et bientôt on répand dans
les sallons , dans les sociétés et dans les foyers ,
qu'il est allé dans cette belle patrie de la mélodie, *rassembler des partitions et recruter des
chanteurs*. Ce ne sont encore là que *des bruits*.
Je le sais. On me dira que cet artiste n'a fait
ce voyage que dans des vues qui lui sont personnelles. On ne sera point embarrassé de trouver
des prétextes , de fabriquer des certificats ; mais
moi , je dirai toujours : ces bruits ont existé ,
et j'interpellerai encore sur ce fait le témoignage de la notoriété publique.

3°. Vers la même époque , et au mois de
vendémiaire de l'an 10 , paraît un ouvrage périodique, intitulé : *l'Année Théâtrale*. Voici ce
que j'y lis à l'article du théâtre des Arts :

« Ce n'est plus seulement la manière de
» chanter , qui mérite au théâtre des Arts des
» reproches. Il faut.... UNE RÉVOLUTION dans
» cette vaste machine, pour y rendre au goût
» quelqu'empire , comme il a fallu en opérer
» une pour en bannir l'antique psalmodie. Il
» PEUT SE PRÉSENTER QUELQU'UN D'ASSEZ HARDI

» POUR LE TENTER (1) ; mais il est fâcheux de
» dire qu'il ne trouverait pas les moyens de
» l'exécuter. La plupart des sujets (de l'Opéra)
» ont perdu leur voix (2) , et ceux qui l'ont
» conservée n'ont pas suivi d'assez près le goût
» moderne pour s'y reporter tout-à-coup (3).
» Mme. *Branchu* et Mlle. *Armand*, sont les
» seules qui pourraient donner quelques espé-
» rances fondées pour une amélioration.....
» Les éclats de voix, d'ailleurs, ne sont pas
» du chant, et ils flatteront d'autant moins les
» oreilles françaises, qu'elles seront plus accou-
» tumées à la grace et à L'ART EXQUIS DES
» ITALIENS (4).... *Lainez* vieillit. *Laforêt*
» n'a que du zèle. *Chèron* fait quelquefois en-
» tendre de beaux sons. *Laïs*, enfin, possède
» encore tout ce qu'il faut ponr bien chanter.
» Pourquoi semble-t-il craindre de donner trop

---

(1) Voyez-vous le petit bout d'oreille du cit. Sarrette ?
Bientôt vous verrez sa personne toute entière.

(2) Voyez - vous la pierre d'attente des chanteurs
étrangers ?

(3) Laïs est un chanteur *sans goût*, parce qu'il ne
fait point les gargouillades italiques.

(4) On ne se cache pas. On veut des chanteurs Italiens
au théâtre des Arts.

» à l'art (1)? Mlle. *Maillard* s'est distinguée.
» *Adrien* a poussé aussi loin qu'il était possible ;
» l'art de la représentation, etc. etc.... » (2).

Eh bien, citoyen Sarrette, ne sont-ce-là que des *bruits fabuleux ?* Doutez-vous maintenant de leur existence ?

4°. Deux mois et demi après cette première impulsion donnée à l'opinion publique, je lis encore ce qui suit dans un journal intitulé : la *Décade Philosophique*, à la date du 20 frimaire an 10 :

« C'est assurément celui de tous les théâtres
» (l'Opéra) qui appelle LA PLUS PROMPTE
» RÉGÉNÉRATION (3)...... *On ne chante plus*
» *à l'Opéra* (4). C'est une vérité malheureuse,
» mais constante. *Tous les chanteurs y con-*
» *servent un systéme barbare de cris et de*

---

(1) Pourquoi ? *parce qu'il donne tout à la nature.* Que vous en semble, monsieur le Rédacteur ?

(2) Ainsi donc, les chanteurs actuels à la pension, les chefs-d'œuvres de Gluck et de Sacchini dans la poussière, un nouveau genre d'opéra, et de nouveaux chanteurs.

(3) *Révolutionner* équivaut à *régénérer* pour le citoyen Sarrette.

(4) L'Année théâtrale et la Décade se sont donné le mot.

» *contorsions*, qui déshonorent le temple de
» Polymnie.... C'EST DU CONSERVATOIRE SEUL
» QU'IL FAUT ATTENDRE CETTE RESTAURATION
» SALUTAIRE. Cet établissement dont le succès
» est dû AU TALENT ADMINISTRATIF ET
» AU ZÈLE ÉCLAIRÉ D'UN COMMISSAIRE
» INTELLIGENT (1), nous promet et nous
» donne déja des consolations et des ressources.
» Les débuts des Dlles. *Chevalier et Cholet,*
» annoncent l'aurore du *systéme que nous*
» *desirons voir s'établir* (2)...... Il faudrait
» donc que L'OPÉRA ET LE CONSERVATOIRE,
» FUSSENT ESSENTIELLEMENT UNIS. C'EST CE QUI
» M'AVAIT JADIS ENGAGÉ A PROPOSER AU GOUVER-
» NEMENT, DE RÉUNIR SOUS LA MÊME ADMINISTRA-
» TION (3), L'OPÉRA, LE CONSERVATOIRE, ET
» LES FÊTES NATIONALES.... »

Eh bien ! citoyen Sarrette, est-ce encore là
un *bruit dénué de fondement, une fable ab-*

---

(1) Qu'en dites-vous, citoyen Sarrette ? N'êtes-vous pas-
là nominativement désigné pour être..... LE RESTAU-
RATEUR DU THÉATRE DES ARTS !

(2) Le système de l'opéra sérieux d'Italie et de l'opéra
de genre; cela est évident, puisqu'il faut *révolutionner,*
régénérer et mettre à la pension nos premiers chanteurs
tragiques.

(3) C'est-à-dire sous la main du citoyen Sarrette.

surde ? J'entends déja votre réponse. Vous allez me dire : « est-ce ma faute à moi, *si mes* » *talens administratifs , mon zèle éclairé ,* » *mon intelligence ,* ont percé dans l'opinion » publique et jusque chez les journalistes? Est-ce » ma faute à moi, s'ils m'ont jugé digne d'être » *le restaurateur du théâtre des Arts?* Je ne » dois pas intercepter par une fausse et puérile » modestie les rayons de ma gloire. Ces rayons, » sans que je m'en sois douté, ont ébloui des » littérateurs distingués, qui certes ont bien » le droit d'émettre leur pensée sur l'amélio- » ration et le perfectionnement des beaux arts. » Je leur sais gré de leur bienveillance, mais » je déclare que je n'y suis personnellement » pour rien ; et si l'on ne prouve pas que je » sois l'instigateur des articles de *l'Année* » *Théâtrale* et de la *Décade Philosophique,* » je suis calomnié. »

Oh ! citoyen Sarrette, vous avez trop d'adresse pour oser risquer des plaisanteries aussi fortes dans votre réplique. Vous savez bien que les auteurs de *l'Année Théâtrale, de la Décade Philosophique* et du *Recueil,* ne sont ni mystérieux, ni invisibles. On connaît vos amis, et les amis de vos amis. On connaît vos coryphées, vos prôneurs, vos faiseurs en mu-

sique, vos faiseurs en littérature, et vos faiseurs en journaux ; ces faiseurs qui vous gra-
tifient si complaisamment d'une dose *d'intelligence et de lumière* qu'en conscience vous ne
méritez pas. Citoyen Sarrette, vous vous tairez,
j'en suis sûr. Ce sera le parti le plus sage , et
désormais il demeurera constant que vous ayez
médité le renversement de la tragédie lyrique
en France, pour fonder votre dictature sur ses
débris (1).

______

(1) Je pourrais encore citer d'autres preuves à l'appui
de cette assertion.

1°. Il est de notoriété à l'Opéra , que pendant les
répétitions de *Sémiramis*, opéra de Catel, on faisait cir-
culer parmi les artistes, pour les intimider , que si cette
pièce ne réussissait pas, *les chanteurs tragiques seraient
mis à la pension ; le citoyen Rey , chef d'orchestre ,
également réformé , et remplacé PAR LE CHER CATEL ;
qu'il y aurait des maîtres de chœurs également con-
gédiés et remplacés par deux créatures du citoyen Sarrette ; que de grands changemens ne tarderaient pas à
arriver au théâtre des Arts.*

2°. Il est de notoriété que lors des premières repré-
sentations de *Sémiramis*, le parterre, les coulisses et
les foyers , tous encombrés par les élèves du Conservatoire, ont retenti des mêmes bruits.

3°. Le citoyen Sarrette niera ; mais il est de fait,
qu'après la première représentation de Sémiramis , il a

Lesueur est doublement effrayé de cette dé—
sastreuse subversion. D'abord, comme compositeur, il avait, depuis plusieurs années, deux
tragédies lyriques en trois actes, reçues au théâtre des Arts, et sur le point d'être mises en
répétition, la *Mort d'Adam et Ossian* ou *les
Bardes*. Il voit ces deux ouvrages condamnés
au néant, et le fruit de dix années de veilles
perdu pour lui. Ensuite plein de l'idée que sa

---

dit, devant Lesueur, et répété dans la salle des comités
du Conservatoire. « *La brèche est faite enfin à l'Opéra.
» Sémiramis a réussi, les choses iront bien* ».

4°. Et enfin, l'un des inspecteurs, bien dévoué au
citoyen Sarrette, ainsi qu'il l'a prouvé en présidant la
fameuse assemblée générale du Conservatoire, du 29
prairial dernier, dont nous rendrons compte, niera-t-il
qu'il ait eu un certain jour l'indiscrétion d'arrêter sur le
boulevard l'un des chanteurs proscrits, et de lui dire :
« Tenez, mon ami, votre Théâtre des Arts n'ira jamais
» bien. *Sarrette, le respectable Sarrette, n'y pourra
» jamais faire le bien par son heureuse influence,* tant
» qu'on ne renverra pas les quatre premiers sujets de
» l'Opéra ».

Citoyen Sarrette, j'attends sur tout cela une *pluie
orageuse* de certificats qui démentiront Lesueur. Je vois
le bon ami Catel, *le colporteur* Vinit, (secrétaire actuel
du Conservatoire) courir, se démener, suer sang et eau.
Je leur souhaite du courage; ils ne sont pas au bout.

nation, déja la première du monde dans l'art militaire, a aussi des moyens pour parvenir à la même
suprématie dans l'art musical, il voit avec une
profonde amertume, les artistes nationaux, compositeurs et chanteurs, chassés de leurs antiques
foyers, par des étrangers, et sa patrie réduite à devenir dans cette partie des beaux arts, l'humble tri-
butaire d'un peuple qu'elle a subjugué. Enfin, ces
chants brûlans qui enflammaient la lyre de *Sophocle et d'Euripide*, dont il n'existe de mo-
numens que dans la pensée et dans les théories;
ces chants sublimes, dont les auteurs *d'Alceste
et d'Œdipe à Colonne*, nous ont réalisé la
puissante illusion; ils vont donc être précipités
dans les gouffres de l'oubli ! L'art musical va
donc perdre en France ses plus augustes draperies
pour ne revêtir que les légers atours de la frivolité ! On va briser dans ses mains le poignard
de *Melpomène*, pour y substituer les grelots
de *Momus*. On va dérober au génie français
le pinceau des grandes *créations* musicales,
en le remplaçant par le crayon imparfait d'une
froide et servile *imitation !...* Lesueur, op-
pressé par tant d'affections douloureuses, ne ré-
siste plus au besoin de soulager son âme. Il
sent que le meilleur moyen de dissoudre la
conjuration, c'est de la dénoncer à l'opinion

publique. De-là , *sa lettre à Guillard*, imprimée au mois de brumaire dernier, et qui fit
créver sur lui un orage de persécutions et de
calomnies.

Citoyen conseiller d'état , vous n'êtes pas ,
sans doute, sans vous rappeller la sensation que
cette brochure a faite sur le public, ni l'opinion que quelques amateurs en ont portée dans
les journaux , à diverses reprises. « Il y a ,
» disait l'un (1), une sorte de profusion et de
» désordre dans cette *lettre à Guillard*, qui
» prouve moins l'habitude d'écrire que celle de
» penser et de sentir vivement. L'auteur revient
» sans cesse sur ses pas. Il ne croit jamais avoir
» tout dit. Il répète, il entasse, il presse, il
» étouffe quelquefois ses pensées, et cependant
» il entraine parce qu'il émeut. *Montaigne* dirait
» encore, en parlant de cette brochure : *c'est*
» *une forêt d'idées. Il faut y percer des*
» *phrases...*
» L'analyse que Lesueur (disait un autre ama-
» teur, sous le nom du *Rieur*, dans le journal
» de Paris), a faite de la *Mort d'Adam*, dans
» *la Lettre* à *Guillard*, est pour ainsi dire *de la*

____

(1) Article signé V..., du Journal de Paris, du 4
frimaire an 10.

» *musique en prose*. On y a remarqué de la cha-
» leur, du mouvement , l'amour de son art, des
» idées grandes , de l'exaltation , etc. (1) ».

Tous les hommes indépendans et sans passion ,
qui ont lu *la lettre à Guillard* , en ont porté le
même jugement : Lesueur n'a eu en vue que deux
objets dans cette lettre ; le premier , de réclamer
contre la mise de l'ouvrage *d'un jeune aspirant*
(le citoyen Catel) , au préjudice du tour acquis à
la *Mort d'Adam* ; le second , de s'élever avec
force contre les innovations désastreuses qui mena-
çaient le théâtre des arts.

Si l'on en croit le *recueil de pièces* (page 27),
» Lesueur a *oublié ses devoirs et manqué de fran-*
» *chise*. Il a attaqué dans sa *lettre à Guillard* ,
» des membres du Conservatoire, sans jamais les
» nommer , mais en les désignant dans les termes
» les plus injurieux, et de manière à ce que pas
» un lecteur de bonne foi ne puisse douter de ses
» intentions. Une seule proposition a été répétée
» plusieurs fois à l'auteur de *la lettre à Guillard*,
» celle de nommer les individus qu'il a prétendu

---

(1) Le citoyen Sarrette dira peut-être que ces amateurs anonymes , dont l'opinion a été consignée dans le
Journal de Paris , sont des *créatures* ou des *trompettes*
de Lesueur. Laissons dire le citoyen Sarrette....

» désigner. Il a toujours refusé ce moyen loyal
» d'expliquer sa FUNESTE BROCHURE , QUE L'ON
» DOIT REGARDER COMME LA SOURCE DE TOUT LE
» MAL ».

Il est bien vrai que Lesueur a eu la généreuse précaution de ne désigner personne dans sa *lettre à Guillard.* Quand il y parle *des jeunes aspirans à la composition dramatique, qui, sans gá– ranties ni preuves, sautent des bancs de l'école sur la première scène lyrique, au préjudice de tours acquis à des artistes éprouvés,* il plaît au rédacteur du *Recueil,* de reconnaître à ce tableau l'un des membres du Conservatoire. Le citoyen Catel, auteur de *Sémiramis,* a même poussé la naïveté jusqu'à déclarer dans les journaux que c'est lui qui est désigné par Lesueur dans ce passage; et aujourd'hui cet impétueux champion fait un crime à Lesueur de ne l'avoir pas nommé !.... Est-on plus conséquent ?....

Quand Lesueur dans cette même *lettre à Guil- lard,* parle des novateurs qui conspirent la ruine du théâtre des arts, il les appelle franchement *dé– préciateurs des arts, obscurs pythons, coureurs perpétuels, obstrueurs de bureaux, bas intrigans;* mais il ne désigne personne : et voilà encore le *rédacteur du recueil* qui prétend que dans ces expressions *des membres du Conservatoire sont*

attaqués !.... Voilà le citoyen Sarrette qui, à l'instar de son *bon ami Catel,* se reconnaît lui-même
dans ces qualifications énergiques, et qui, comme
le loup du fabuliste, vient tout naïvement nous
dire :

C'est moi qui suis Guillot, berger de ce troupeau (1).

Lesueur , si amèrement apostrophé pour
n'avoir pas désigné les masques, pouvait bien,
ce me semble, se justifier, en disant au citoyen
Catel : « N'y a-t-il de *jeunes aspirans* à la
» composition dramatique que dans le Conser-
» vatoire ? N'y a-t-il dans le Conservatoire de
» *jeunes aspirans sautans des bancs de l'école*
» *sur le théâtre lyrique ,* que le citoyen Catel » ?
Lesueur pouvait encore se justifier en disant au
citoyen Sarrette : « N'y a-t-il d'*obscurs pythons ,*
» d'*obstrueurs de bureaux ,* de *bas intrigans* que
» dans le Conservatoire ? N'y a-t-il dans le Con-
» servatoire de *bas intrigans* que le citoyen Sar-
» rette ? Il vous plaît à vous, citoyen Catel , de
» vous avouer publiquement pour *un jeune aspi-*
» *rant , qui saute des bancs de l'école sur la pre-*
» *mière scène lyrique ;* à vous, citoyen Sarrette ,

____

(1) Plaisanterie piquante du *Rieur ,* dans le *Journal
de Paris ,* du 20 frimaire an dix , à l'occasion de la
lettre à *Guillard.*

» de vous reconnaître pour un *obscur pyhon ,*
» pour un *bas intrigant :* eh bien ! soit ; mais au
» moins ne me faites pas un crime de vous avoir
» trop ménagé ».

Au surplus , s'il faut s'expliquer franchement ,
Lesueur conviendra qu'en parlant de *jeunes aspi-*
rans , usurpateurs des droits d'artistes éprouvés ,
il désignait le citoyen Catel ; et qu'en parlant du
protecteur de ces usurpations , il désignait le
citoyen Sarrette. Il conviendra pareillement que si
pendant long-tems il s'est refusé à les signaler nominativement , c'est par amour pour la paix , et
dans l'espoir qu'à force de modération il étouffe-
rait la division fomentée par le cit. Sarrette ; mais
aussi il dira avec la même franchise, qu'au mois
de brumaire an 10 , époque à laquelle la *lettre à*
Guillard a été publiée, il ne connaissait pas les
novateurs insensés qui conjuraient la chûte de la
tragédie lyrique et mythologique. Il ne s'est éveillé
à cette époque que sur les bruits qui circulaient
alors , et sur le tocsin sonné par l'*Année théa-*
trale. Pouvait-il, en effet, supposer à l'ambition du
citoyen Sarrette assez de démence pour aspirer *à la*
direction générale et suprême de l'art musical en
France ? Ce n'est qu'au 20 frimaire an 10 , plus
d'un mois après la publicité de la *lettre à Guil-*
lard , que Lesueur, en lisant la *Décade philoso-*

phique, a acquis la preuve de cette délirante prétention. Aujourd'hui le citoyen Sarrette, dans son
recueil de pièces, a la complaisance de confir-
mer publiquement cette preuve, en s'appliquant
les qualifications de la *lettre à Guillard*. Suivant
lui, cette *funeste brochure est la source de tout
le mal*. Oh ! pour cette fois on n'est pas plus généreux adversaire. Avant de passer au récit des persécutions et des calomnies dirigées contre Lesueur,
j'étais obligé de démontrer que *ce mal prenait sa
source* dans la *lettre à Guillard*. Le bon Sarrette
m'en dispense. Je l'en remercie. Voyons un échantillon de son génie dans l'art de persécuter.

§. I I I.

Persécutions suscitées à Lesueur par le citoyen Sarrette.

J'ai dit que dès-long-tems avant la *lettre à
Guillard*, le citoyen Sarrette était l'ennemi secret
de Lesueur. Une divergence bien prononcée d'opinion en matière politique, l'aversion de Lesueur
pour la *déclamation* récitative transportée dans
les airs mesurés, son invincible tendance au perfectionnement de la mélodie, les mille et une
lances qu'il lui a fallu rompre à ce sujet avec
le cit. Sarrette, amant passionné du fracas, tout

cela prouvait à ce dernier que Lesueur serait invincible dans ses opinions, et que jamais il ne deviendrait le servile instrument de ses vues ambitieuses, ni l'aveugle prôneur de ses prétendues connaissances dans les arts.

Le citoyen Sarrette, avant de manifester publiquement sa haine, imagina très-adroitement d'enchaîner à son parti le corps des inspecteurs, et de s'en former un plastron contre Lesueur. Son premier soin, pour y parvenir, fut de les combler tous de politesses et d'égards, et de leur accorder, dans diverses occasions marquantes, d'injustes préférences. Ce ne fut pourtant pas avec de vaines politesses, ni avec de puériles prédilections que le citoyen Sarrette parvint à enrôler sous ses drapeaux les collègues de son ennemi. Le rusé personnage savait trop bien qu'il fallait mettre en jeu leurs passions pour se les assujettir.

L'un des cinq inspecteurs était un vieillard facile qu'il avait eu le talent de maîtriser dans le cours de la révolution, et avec lequel d'ailleurs il était uni par une concordance parfaite d'opinions. Deux autres inspecteurs étrangers à la nation française, étaient sans autre ambition que celle de remplir leur devoir et d'accroître leur réputation musicale. D'ailleurs, amis de la paix, neufs dans le grand art de l'intrigue, ils n'étaient pas difficiles à séduire et encore moins à gouverner. Après Lesueur, il n'y avait donc qu'un seul inspecteur qui, à une célébrité justement acquise, et à des alentours imposans, joignait une sorte d'énergie, d'amour-propre, et quelques moyens d'élocution. Un tel homme était essentiel à captiver, puisqu'il assurait au citoyen Sarrette la majorité dans le corps des inspecteurs.

Il exalta son talent. Il porta aux nues ses ouvrages. Il lui assigna, avec emphase, le premier rang parmi les compositeurs vivans. Il distribua des brevets de sottise et d'ignorance à ceux qui osaient contester cette supériorité. Puis il lui confia ses vastes projets *de régénération* sur le théâtre des arts. « C'est singulièrement pour vous, mon » ami, que les portes du sanctuaire dramatique » seront ouvertes. Vous en serez le souverain » pontife et le premier sacrificateur. C'est pour » ceux de vos *ouvrages nés*, resserrés dans un » cadre trop étroit ; c'est pour vos ouvrages à » naître, que je provoque cette *salutaire régé-* » *nération*, et que j'ambitionne la dictature de » l'art ». Enfin, il lui peignit Lesueur comme un rival qui nuisait à ses succès. Il poussa les mensonges, en sa présence, jusqu'à oser inventer que ce rival dépréciait son talent et dénigrait ses meilleurs ouvrages. Bientôt l'amour-propre s'enflamma. Le sentiment de la rivalité s'aigrit. Le citoyen Sarrette vit avec une joie perfide les progrès du venin qu'il avait jeté dans une âme honnête. Il doubla, il centupla la dose, en même-tems qu'il épaississait les fumées de la louange... Enfin, il triomphe!.... L'artiste circonvenu finit par dire hautement dans le Conservatoire, en parlant de Lesueur : « JE LE HAIS A LA » MORT (1) » !.....

Artiste trop à plaindre, ô vous dont j'admire le talent, et dont je voudrais chérir la personne, avez-vous bien senti l'affreuse énergie de ces expressions : JE LE HAIS A LA MORT !... La haine ! Oubliez-vous que son souffle impur et brûlant flétrit la fleur de l'imagination ; qu'il dessèche les sources du génie ? Votre art qui absorbe toutes les facultés de l'esprit, et qui subjugue toutes les affections de l'âme, votre art n'est qu'une exaltation céleste, une essence éthérée, et la haîne vous attache à la terre !.... Il ne haïssait pas, le tendre et sensible Piccini, quand il exhalait dans ses délicieux accords, les soupirs de l'infortunée Didon. Ils ne haïssaient pas, tous ces compositeurs célèbres, qui ont puisé dans l'indépen-

---

(1) Je tiens cette phrase de *plusieurs témoins auriculaires.*

dance de leur ame, les sublimes inspirations de la mélodie. Non, les accens enchanteurs de la MÉLODIE ne résonnent pas où sifflent les serpens de la haine.... Aujourd'hui un rival effacera vos succès. Demain, vous effacerez les siens. Laissez aux artistes vulgaires le misérable plaisir de se déchirer entr'eux et de se rendre justice. Le poids de la médiocrité les écrase; mais vous ! si vous rencontrez un rival de votre stature , mesurez-vous noblement avec lui , et loin de le *haïr,* songez plutôt à le *surpasser.* Vous aimez votre art ; vous devez aimer les hommes qui l'honorent. Non ! Je ne me trompe pas, ma main est sur votre cœur. Il bat pour l'art musical. Vous allez embrasser votre collègue !....

Du moment où le citoyen Sarrette parvint à dominer les inspecteurs, en s'accaparant l'un de ses membres les plus influens , Lesueur ne trouva plus au Conservatoire que mortifications et injustices. J'aurais mille exemples à produire. Je les tairai , pour ne citer que des faits dont la notoriété est incontestable.

Vers le commencement de l'an 8 , c'est-à-dire plus de deux années avant la *lettre à Guillard ,* le citoyen Lucien Bonaparte, alors ministre de l'intérieur, donna ordre de monter de suite les *Bardes ,* et dans l'hyver suivant la *Mort d'Adam.*

A la fin de l'an 8 , le même ordre fut réitéré. Lesueur, à la même époque, fut désigné par le même Ministre, pour composer la fête du premier vendémiaire an 9 , qui fut exécutée à quatre orchestres dans l'Eglise des Invalides. Le citoyen Esménard, littérateur estimable, était l'auteur du poëme. Lesueur, dans la conception de son plan musical , introduisit un *trio* religieux à la louange du Héros qui devait honorer la fête de sa présence. Ce *trio* n'était pas dans le poëme ; mais l'auteur en adopta l'idée avec empressement. Lesueur rédigea un programme de ses intentions musicales, pour être distribué dans le Temple , le jour de l'exécution. Ce programme eut l'air de plaire au citoyen Sarrette. Il annonça qu'il le ferait imprimer et qu'il en surveillerait la distribution. Lesueur lui livra son manuscrit ; mais, à son grand étonnement , la fête s'exécuta , et le programme ne fut point imprimé.

Le ministre , lors des répétitions générales, à l'une desquelles il avait assisté , avait eu l'obligeance de faire appeler Lesueur de l'orchestre et de lui témoigner sa satisfaction. Après la fête il lui fit réitérer les mêmes témoignages et ceux du Premier Consul. Le cit. Sarrette avait chaudement promis à Lesueur , pendant le cours des répétitions, en présence du citoyen Esménard, de solliciter la prompte mise des *Bardes* et de la *Mort d'Adam ;* d'en presser les décorations. Après la fête, il lui renovella les mêmes promesses. Il s'engagea, de plus, à faire valoir les nouveaux droits que son succès lui avait acquis. Enfin , et quelques jours après , il vint lui annoncer qu'il avait reçu du Ministre l'autorisation de faire graver la partition de la fête du 1.er vendémiaire. Voilà de belles démonstrations sans doute ; en voici le résultat : quelques-tems après la fête, les beaux-arts eurent le malheur de perdre Lucien Bonaparte. Il fut nommé ambassadeur de la République près la cour d'Espagne. Il partit pour sa destination. Sur-le-champ le citoyen Sarrette oublia ses promesses. Cinq opéras nouveaux furent montés au Théâtre des Arts ; les *Horaces , Flaminius , Astyanax ,* les *Mystères d'Isis , Sémiramis ;* et il ne fut plus question de la *Mort d'Adam ,* ni des *Bardes* (1). Le citoyen Sarrette avait fait graver la fête du 14 juillet, qui a précédé celle du 1.er vendémiaire. Elle était l'ouvrage de son inspecteur adoptif. Il avait l'autorisation positive du Ministre de faire graver également la fête du

---

(1) Je me trompe ; il a été question , en effet, pendant quelques mois, de la *Mort d'Adam ;* mais on va savoir comment on s'en est occupé.

1er. vendémiaire. Eh bien ! cette autorisation , et la partition manuscrite de cette fête , sont encore aujourd'hui dans la poussière des magasins du cit. Sarrette ! Que cet homme se justifie maintenant , s'il en a la force , par des *certificats mandiés ,* ou par de misérables excuses.

Lesueur a cependant eu la générosité de garder le silence sur ce fait , comme il l'a gardé sur quatre opéras montés au théâtre des Arts avant les siens. Ce ne fut qu'après la représentation des *Mystères d'Isis ,* et vers la fin de l'an 9 , que, fatigué de tant d'injustices, il songea sérieusement à réclamer les droits de la *Mort d'Adam ,* reçu depuis quatre années , et constamment ajourné , au mépris du réglement , et de plusieurs ordres émanés de l'autorité.

Je touche , citoyen conseiller d'état , au premier anneau de cette longue chaîne de persécutions accumulées sur Lesueur , et dont le récit est indispensable à sa justification.

Le citoyen Sarrette , de concert avec le citoyen Célérier , méditait à cette époque son grand plan de *régénération ,* fondée sur le renversement de la tragédie lyrique et mythologique. Si la *Mort d'Adam* avait été donnée sur ces entrefaites , et si malheureusement elle avait eu un grand succès , le goût de la tragédie lyrique aurait pu se réveiller dans le public, et la grande révolution projetée n'était plus praticable. Que faire? On avisa d'abord à la mesure la plus pressée, celle de reculer encore la *Mort d'Adam*, et voici comment on s'y prit.

Au nombre des professeurs attachés au Conservatoire, il en est un, l'affidé intime, le compagnon inséparable et *de tous les tems*, le tendre ami, le protégé par excellence du citoyen Sarrette. C'est le citoyen *Catel* qui va jouer un grand rôle dans le chapitre des persécutions dirigées contre Lesueur.

Ce jeune *postulant*, profondément obscur dans le monde musical, sans preuves acquises dans la musique théâtrale, sans garanties données, même sur les théâtres les plus inférieurs de la capitale, s'était modestement avisé de débuter dans la carrière dramatique, sur le théâtre de Gluck; et son premier essai était tout simplement une *petite tragédie lyrique en quatre actes*, intitulée *Sémiramis!* Eh bien, la *Sémiramis du jeune professeur Catel*, passera avant la *Mort d'Adam de l'inspecteur Lesueur*. Deux légers obstacles pourtant s'y opposent : la *Mort d'Adam* est l'aînée de *Sémiramis*, et le réglement est là. De plus, la *Mort d'Adam* est indiquée par des ordres ministériels. Tout cela ne déconcerte pas le cit. Sarrette. Le cit. Célérier, confident de ses *plans régénérateurs*, est à ses ordres. Sa qualité d'agent comptable du théâtre des Arts, lui donne les clefs du coffre-fort. Le citoyen Célérier s'entendra avec le citoyen Sarrette, pour conférer les droits d'aînesse à *Sémiramis*.

On dira peut-être qu'il est assez extraordinaire de voir le citoyen Sarrette conspirer contre la tragédie lyrique, et cependant, voiturer péniblement *Sémiramis* sur le théâtre des Arts. Le cit. Sarrette ne manquera pas sans doute de se faire un grand argument de cette *Sémiramis*, pour se justifier du crime de *régénération* ; mais pour peu qu'on y réfléchisse, tout cela s'explique. Le cit. Sarrette satisfait les besoins d'une *prédilection bien chère*, en faveur d'un ami qui a eu la maladresse de composer une tragédie lyrique dans un tems où les *plans régénérateurs* n'étaient pas encore conçus. Il sait d'ailleurs l'art d'organiser les succès et les chûtes. Tant bien que mal, il fera réussir *Catel*, dont une fois au moins le nom obscur frappera l'oreille du public ; et en défi-nitif, ce sera le *tendre ami* Catel qui aura la gloire de recevoir les derniers soupirs de la tragédie lyrique en France , et de lui donner les tristes honneurs de la sépulture (1).

Cette résolution étant bien arrêtée entre le cit. Sarrette et le citoyen Célérier , on a l'air de faire quelques répétitions sérieuses de la *Mort d'A-dam*. On a également l'air de s'occuper des décorations ; mais bientôt, Lesueur découvre que la copie des rôles et les répétitions de *Sémiramis*, se suivent avec activité dans l'ombre. Il découvre qu'un décorateur étranger à l'Opéra, et demeu-rant rue du Calvaire, exécute clandestinement les décorations du même ouvrage ; que déjà celles des deux premiers actes sont terminées. Bientôt cette duplicité transpire. Comment s'en justifie-t-on ? A l'autorité, on dit que le citoyen Catel paie *de ses deniers* les décorations de *Sémiramis* (2). A l'O-

---

(1) Au moment où j'écris (28 thermidor an 10), je m'apperçois que pour pallier sans doute l'équivoque succès de *Sémiramis* , on affecte de la remettre sur le Théâtre, en la faisant toujours suivre d'un excellent *ballet* , sans doute pour grossir le nombre de ses repré-sentations, et s'en faire un argument dans la réplique. Ils ont beau se retourner. J'en suis fâché pour Catel ; mais en vérité, Sémiramis ne sera jamais un chef-d'œuvre. (*Opinion de l'Auteur de ce Mémoire.*)

(2) Avec quoi ? Serait-ce avec les économies de ses appointemens de professeur, que le citoyen Catel aurait

péra et dans le public, les mêmes hommes affir-
ment que c'est l'autorité qui en fait les avances.
Enfin, Lesueur découvre que les décorations de
la *Mort d'Adam*, dont on a eu l'air de s'occuper, ne conviennent point au sujet, qu'on n'y
verra point dans l'éloignement le paradis d'Eden
de Milton, perspective nécessaire et intégrante
du poëme. C'est alors qu'il sent la nécessité de
démonter toutes ces batteries masquées, pointées
sur la *Mort d'Adam*, et sur la tragédie lyrique.
C'est alors que sa *lettre à Guillard crève comme
une bombe dans le camp ennemi* (1), et qu'elle
y porte la consternation et le désordre.

Ici les événemens se pressent et se multiplient.
L'embarras de les présenter avec ordre, la nécessité de n'en point omettre, leur incohérence,
qui résulte de ce que les impulsions sont données de divers points et sous divers masques,
l'obligation de ne spécifier leurs causes que sur
des preuves acquises ; tout cela, citoyen con-

---

payé des décorations et des costumes, etc., qui ont coûté
soixante mille francs au Théâtre des Arts ?

(1) Expressions originales du *Rieur*, dans sa lettre
insérée au Journal de Paris en faveur de Lesueur.

seiller d'état, rend bien pénible la tâche qui me reste à remplir. Si mes moyens sont insuffisans pour débrouiller avec clarté ce chaos inextricable d'intrigues et de persécutions, j'aurai du moins la satisfaction de n'avoir rien hasardé, et peut-être l'embarras pénible où je me trouve, comme simple narrateur, sera-t-il pour le public un indice des affections douloureuses qui ont dû navrer la victime de tant d'iniquités.

Le 16 brumaire an 10, Lesueur fait hommage au premier Consul du premier exemplaire de sa *lettre à Guillard*. Lesueur, (est-ce un malheur pour lui)? n'est pas froidement organisé. Les grandes idées, les grandes choses et les grands hommes échauffent vivement son imagination, et dilatent les affections de son âme. Il n'est plus maître alors de sa pensée. Il l'exprime avec l'exaltation et l'énergie d'un homme trop plein de ce qu'il sent. Cette réflexion explique, et sans doute justifie la lettre qu'il écrivit au Chef de l'état, en lui envoyant sa brochure, lettre qui est un mélange de hardiesse *scythique* dans les formes et dans les idées, de désordre dans le style, d'admiration et de confiance dans le Héros auquel elle s'adresse. Cette lettre parut quelque-tems après dans les journaux ; ce qui porte à croire que le premier

Consul daigna peut-être jeter un coup-d'œil d'in=
dulgence sur cette espèce d'écart du sentiment et
de l'imagination (1).

Lesueur, dès le lendemain de l'envoi fait au
premier Consul de *la lettre à Guillard*, en
adressa un exemplaire au Ministre de l'intérieur,
comme étant le Magistrat dont il attendait protection et justice. Si les immenses travaux de ce
savant Ministre, uniquement dirigés vers l'amélioration du commerce et des sciences utiles lui
eussent permis de vérifier par lui-même l'objet
de la réclamation de Lesueur, assurément les
intrigans eussent été comprimés, la déplorable
querelle dont Lesueur est victime eût été étouffée,
et le public n'eût pas été, à cette époque, fatigué de débats aussi scandaleux que nuisibles
aux arts. Malheureusement, les forces de l'hu-
manité ont des bornes. Le ministre est obligé de
livrer une partie de ses attributions à des subal-
ternes ; et l'on doit rendre hommage à sa pénétration quand on le voit n'abandonner, dans
les attributions qu'il délègue, que celles qui,
comme le théâtre des Arts, sont plutôt un objet
d'agrément que d'utilité publique. Les *régéné-*

____

(1) Voir cette lettre dans le Journal des Spectacles
du 23 frimaire an 10, dans celui des Débats, etc.

rateurs savaient bien que le Conservatoire et le théâtre des Arts étaient confiés exclusivement à un chef de bureau ; aussi avaient-ils eu la précaution de s'en faire un *ami* bien *chaud* et bien *dévoué*. C'est de-là qu'est sorti contre Lesueur, un nouveau genre de persécutions étrangères au Ministre, mais exercées sous son nom.

J'aurais bien voulu, citoyen conseiller d'état, ensevelir avec Lesueur, dans un éternel oubli, les affligeantes circonstances qui ont environné les deux lettres qui lui ont été écrites par le Ministre, sous la date des 4 et 24 frimaire an 10, en réponse à l'envoi de la *lettre à Guillard;* mais elles sont imprimées dans le *Recueil* du citoyen Sarrette, précisément parce qu'elles compromettent l'honneur et la probité de mon ami. Lesueur, *publiquement* outragé, se doit une justification *publique;* et puisqu'on a eu le courage *d'imprimer* les deux lettres du Ministre, il doit avoir celui *d'imprimer* ses deux réponses.

C'est un grand tour d'adresse au citoyen Sarrette, que celui d'avoir surpris au Ministre l'autorisation de publier les deux lettres des 4 et 24 frimaire. Ce dangereux personnage s'est dit :

« je me garderai bien d'accuser Lesueur en mon
» nom , parce qu'il aurait toute sécurité pour
» me répondre ; mais, en imprimant les deux
» lettres du Ministre, c'est le Ministre lui-même
» que je constituerai publiquement son accu-
» sateur. L'auguste caractère dont il est revêtu ,
» fermera la bouche à Lesueur ; et moi je pré-
» senterai son silence forcé comme une impuis-
» sance absolue de se justifier ».

Le piége est adroit, citoyen Sarrette ; mais il
est éventé. Le ministre a trop de grandeur ,
il a sur-tout trop de justice pour exiger qu'un
homme *publiquement* diffamé , n'ait pas le
droit de se défendre *publiquement*. Je prendrai
donc sur moi de justifier Lesueur avec la décence
et le respect que tout citoyen , ami des lois ,
doit à ses organes.

J'ai , d'ailleurs , un bien grand avantage dans
cette partie si difficile de ma discussion , c'est
celui de prouver invinciblement que toutes les
pièces justificatives de Lesueur ont été soustraites
ou dissimulées au Ministre ; que si le chef de
bureau dont il s'agit , et qui par ses fonctions ne
doit être qu'un rapporteur impartial , lui eût
mis sous les yeux et l'accusation et la défense,
nécessairement le Ministre n'aurait pas écrit les
deux lettres des 4 et 24 frimaire. Voilà ce que

je m'engage à démontrer jusqu'au dernier degré d'évidence ; et j'aurai, du moins, la satisfaction de n'avoir pas eu à combattre un magistrat que je révère ; mais seulement un agent indiscret et passionné, qu'il avait alors sous ses ordres.

Dans la lettre du 4 frimaire, on fait dire par le ministre à Lesueur, *qu'en publiant sa brochure, il s'est proposé deux objets ; le premier, de réclamer contre les motifs qui ont empêché la représentation de la Mort d'Adam ; le second, de s'élever contre l'intention où l'on pourrait être de détruire le grand Opéra français.* On ajoute : « Vos réclamations sur le » premier objet ne me paraissent pas plus fondées » que vos inquiétudes sur le second. Des as- » sertions positives me prouvent *que le retard* » *apporté à la représentation de la Mort d'A-* » *dam, n'est que la suite de celui que vous avez* » *mis à livrer les partitions de votre mu-* » *sique* « (1).

____

(1) Remarquez que ces expressions sont identiquement les mêmes que celles employées depuis par les cinq inspecteurs, dans une note imprimée à la suite de la protestation qu'ils ont faite contre leur collègue dans le Journal de Paris du 28 frimaire : grande preuve d'affinité entre les inspecteurs, dirigés par Sarrette et le chef du bureau ! et d'ailleurs, qu'avait de commun

Ce reproche, anssi tranchant qu'il est amer, de la part d'une autorité supérieure, était un véritable *brevet* d'imposture et *de démence* décerné à Lesueur. Je dis *démence*, car, peut-on le supposer assez insensé pour aller publiquement, dans un ouvrage imprimé, se plaindre d'un retard qui aurait été l'effet de sa propre négligence ? Lesueur ne reçoit que le 6 frimaire au soir la lettre du Ministre, datée du 4 ; et cependant dès le 6 au matin, des copies de cette lettre *certifiées conformes par ce même chef de bureau,* circulent dans le Conservatoire et jusque dans le bureau même de la surveillance des classes, où chaque professeur et chaque élève sont, aux termes du règlement, tenus de se rassembler tous les jours ; les uns pour y signer leur entrée et leur sortie ; les autres pour se rendre à leurs classes. On affecte même d'attirer leur attention sur cette pièce, en prêtant à Lesueur tout le ridicule qui naturellement en découle

---

le comité des inspecteurs de l'enseignement du Conservatoire, avec l'administration de l'Opéra, qui en est essentiellement séparée ? Pourquoi ce comité, dont *Lesueur* est l'un des membres, s'est-il assemblé clandestinement, pour donner à l'insçu de *Lesueur*, et sans aucune explication, des *signatures* contre lui, qu'on publia dans les journaux ?

contre lui. Tout le Conservatoire connait , AVANT LESUEUR , une lettre confidentielle qui était sa propriété !!!.. Cette étrange violation du secret épistolaire ne se borne pas seulement à l'enceinte du Conservatoire. Aujourd'hui, *par autorisation*, elle s'étend sur le public !... La lettre du 4 frimaire est imprimée dans le *Recueil !!!*.... Eh bien ! j'imprime à mon tour des fragmens de la réponse de Lesueur au Ministre, sous la date du 10 du même mois.

« Par quels inconcevables moyens , citoyen
» Ministre, s'est-on trouvé porteur d'un double
» *certifié conforme* de la lettre que vous m'é-
» crivîtes le 4 de ce mois , pour en faire un
» pareil usage ?

» Par quel ordre a-t-elle été publiée et lue
» dans le bureau de surveillance des classes du
» Conservatoire, où se réunissent tous les pro-
» fesseurs et la plupart des élèves ?

» Qui , dans le Conservatoire , a pu per-
» mettre que la publication d'une lettre adressée
» à l'un des chefs de cet établissement fût
» connue par ceux qui devaient toujours l'i-
» gnorer , sur-tout lorsqu'elle tend à lui prêter
» de l'imposture , à diminuer la considération
» dont il a besoin pour ses fonctions d'ins—
» pecteur , pour ses devoirs d'enseignement et

» pour la subordination que les élèves doivent
» à leurs maîtres ?

... » Pourquoi, lorsque cette publication s'est
» faite, ceux qui avaient droit et caractère pour
» l'empêcher, ne l'ont-ils point fait !....

» Ne serais-je pas tenté de croire, d'après de
» tels faits, qu'il existe une *correspondance*
» *coupable entre quelqu'un qui vous approche,*
» *et quelqu'autre qui croit avoir le droit de*
» *commettre au Conservatoire de pareilles*
» *imprudences ?*

» On a osé vous faire, citoyen Ministre,
» l'instrument involontaire de cette coupable
» action, en surprenant votre bonne foi, votre
» religion ; le dirai-je ?... votre confiance....
» Le mal s'est fait en votre nom. Vous seul
» pouvez le réparer.

. . . .
. . . .
. . . .

» Je n'interroge que votre cœur. Je parle à
» l'homme.... à l'homme d'honneur.... Je
» m'entretiens un instant, non avec Chaptal,
» ministre, mais avec Chaptal, exerçant les
» sciences et les lettres ; avec Chaptal, ché-
» rissant les *beaux arts !.....* Les beaux arts,
» compagnons ordinaires, naturels et insépa-

» rables des mœurs douces, des cœurs bons,
» justes enfin....

....

- » C'est en votre nom, qu'on cherche *à m'ar-*
» *racher,* en quelque sorte, *les épaulettes à*
» *la tête du corps !....* Répondez maintenant,
» citoyen ministre; quel jugement porteriez-vous,
» placé dans ma situation ?.... »

Ce langage noble et fier, certes, appartenait bien à un honnête homme outragé, et plus encore à un artiste de la trempe de Lesueur. Il était digne de l'estimable et savant Magistrat auquel il s'adressait. Oui, cette lettre serait indubitablement arrivée à son cœur, si l'on eût permis qu'elle arrivât à ses yeux. Il faut bien croire que *l'ami chaud* du citoyen Sarrette, l'aura soustraite aux regards du Ministre. Lesueur, en effet, demandait à être *appelé contradictoirement avec ses détracteurs.* Il produisait, d'ailleurs, au Ministre, une multitude de faits qui démontraient la véracité et la légitimité de sa réclamation. Si le Ministre avait lu les pièces, ne serait-ce pas offenser sa justice que de douter qu'il n'eût au moins cherché à découvrir la vérité, pour prononcer ensuite sur ces misérables débats. Eh bien ! rien de tout cela n'a eu lieu. Point de vérification. Point d'entrevue contradictoire. Point de réponse à Lesueur, si ce n'est une seconde lettre à lui adressée sous le nom du Ministre, le 24 du même mois de frimaire, également imprimée aujourd'hui *par autorisation dans le Recueil* de Sarrette, lettre désespérante et dans laquelle mon ami, le plus honnête homme que je connaisse, est traité comme le plus méprisable des êtres ! ! !....

Je me vois forcé de la transcrire ici toute entière :

Paris, ce 24 frimaire an X.

Le Ministre de l'intérieur au cit. Lesueur.

« L'estime et la considération que m'avaient
» inspirées votre personne et vos talens, citoyen,
» ne m'ont pas permis de voir sans une pro-
» fonde affliction, que vous ayez engagé des
» débats qui reposent sur des principes *aussi*
» *faux* qu'ils seraient *absurdes.*

» On a, dites-vous, retardé par tous les moyens
» possibles, la mise de l'Opéra de la *Mort*
» *d'Adam.*

» On veut, ajoutez-vous, détruire l'Opéra
» français. D'abord, *il est faux qu'il y ait eu*
» *dessein de retarder la mise de votre opéra.*
» L'ordre de le mettre à l'étude a été donné,
» *et nul n'a reclamé contre son exécution.*

» Mais, fût-il vrai qu'on eût ordonné de dif-
» férer cette représentation, de quel droit pour-
» riez-vous vous en plaindre ? Le Gouvernement,
» qui fait des frais énormes pour l'entretien de
» l'Opéra, ne doit-il pas mettre au nombre de
» ses devoirs quelques considérations d'économie,
» de convenances, et *de succès ?* Suffira-t-il de
» faire un Opéra pour en forcer la représen-
» tation ? *Depuis quand un auteur a-t-il osé*
» *prétendre disposer du trésor public ?*

» Ainsi, *il est faux* qu'on ait voulu retarder
» la mise de la *Mort d'Adam ;* mais l'ordre en
» eût-il été donné, *vous n'auriez pas le droit*
» *d'en accuser le Gouvernement.*

» Votre seconde assertion *est une fable que*
» *vous avez ourdie dans l'intention de vous*
» *faire un parti.* Le Gouvernement connait,
» comme vous, toute la gloire de l'Opéra fran-
» çais. Comme vous, il rend justice aux grands
» talens qui l'illustrent. Il fait plus ; il donne
» chaque jour de nouvelles preuves de ses sen-
» timens à cet égard. *Pourquoi donc porter*
» *méchamment* l'inquiétude dans l'âme des hon-
» nêtes artistes, qui ne sont occupés que de
» leur devoir ? Pourquoi appitoyer le public
» sur le sort de ces hommes distingués, qu'il
» applaudit et qu'il aime ?

» Le Gouvernement cherche à perfectionner
» et non à détruire. Il veut multiplier les jouis-
» sances du public et non les éteindre ; et je
» vois avec peine, *qu'en calomniant quelques-*
» *uns de ses agens ,* vous n'avez pas même su
» rendre justice à ses intentions ».

Signé CHAPTAL.

La lettre du 4 frimaire était, comme je l'ai
dit, un véritable *brevet d'imposture et de dé-*
mence décerné à Lesueur. Par celle-ci, on lui
décerne un *brevet d'intrigue , de calomnie , et*
de méchanceté. Copie de cette lettre , certifiée
conforme par le même chef de bureau , circula
comme celle du 4 frimaire dans le bureau de
surveillance des classes du Conservatoire ; elle
fut lue ou communiquée aux professeurs et aux
élèves. Lesueur se tut, et, pour toute réponse,
fort de lui-même, il adressa le même jour au
Ministre, la lettre dont *j'imprime* ici la copie
littérale :

CITOYEN CHAPTAL,

« La qualité dont le Gouvernement vous a
» revétu, ne vous donne pas le droit d'accabler
» d'injures aussi fortes et aussi gratuites, l'hon-

» nête homme à qui vous n'avez rien à re-
» procher.

» Croyez néanmoins que les mensonges au-
» dacieux et les calomnies atroces dont on ose
» vous entourer....... .... ne pourront
» jamais m'atteindre avec justice.

» Quatre minutes d'un entretien particulier
» vous le démontreront. Je vous les demande,
» à dater d'aujourd'hui 24 frimaire. Vous ne
» pouvez me les refuser. »

Signé LESUEUR.

Ce n'est pas, je l'avoue, sans un vif et profond
étonnement, que j'ai lu dans le *Recueil de pièces,*
page 24, une note qui annonce *que les deux let-*
tres ministérielles ont été communiquées dans
le tems, PAR ORDRE DU MINISTRE DE L'INTÉ-
RIEUR, *aux artistes du théâtre des Arts et à*
ceux du Conservatoire, Que ce Ministre ait sciemment écrit à Lesueur les deux lettres des 4 et 24
frimaire; je le conçois. Il était assiégé dans ses
bureaux par l'ami le plus dévoué du cit. Sarrette. On lui dérobait toutes les pièces de la justification de Lesueur. On trompait ses intentions
justes et protectrices; mais prétendre qu'*il a*
donné l'ordre de communiquer ses deux lettres
aux artistes du Conservatoire ; mais lui prêter

ainsi l'intention de provoquer contre l'un des chefs de cet établissement, l'insubordination des professeurs et des élèves ; mais lui supposer de misérables subterfuges, de petites intrigues, pour mortifier un homme, son inférieur, et que d'un mot il pouvait destituer ! Cela est impossible. C'est outrager la personne du Ministre. C'est dégrader son caractère. C'est avilir sa dignité. Non, l'ordre de communiquer les deux lettres n'existe pas ; ou bien il est controuvé ; ou bien il est l'ouvrage d'un chef de bureau ; ou bien, enfin, s'il est signé du Ministre, sa signature lui a été surprise sous un faux prétexte. J'appelle, dès-à-présent, pour la gloire même de ce vertueux Magistrat, sa plus rigoureuse attention sur l'auteur du criminel abus qu'on a fait de son nom et de sa correspondance (1).

—————————————————

(1) On a fait dire aux inspecteurs, dans leur protestation imprimée contre Lesueur, au Journal de Paris, du 28 fructidor, *qu'il est absolument faux que la lettre du Ministre ait été communiquée en aucune manière aux Elèves du Conservatoire.* Je n'ai qu'une seule interpellation à faire : est-il faux que les lettres soient restées plusieurs jours en évidence dans le bureau de surveillance des classes ? Soutiendra-t-on que pas un seul élève ne les ait lues ou entendu lire. Que tous les inspecteurs, les professeurs et les élèves osent dire,

Mais analysons donc un moment les inculpa-
tions graves et mortifiantes contenues dans ces deux
lettres. Elles se réduisent à trois chefs d'accusation
bien distincts.

En premier lieu, on fait dire au Ministre, que
des assertions positives (1) *prouvent que le retard
apporté à la mort d'Adam n'est que la suite de
celui que Lesueur a mis à livrer ses partitions* (2) *; qu'il est faux qu'il y ait eu dessein
de retarder la mise de cet Opéra , que l'ordre
de le mettre à l'étude a été donné , et QUE NUL
N'A RÉCLAMÉ CONTRE SON EXÉCUTION* (3).

La partition de la *Mort d'Adam* a été livrée
entière à l'Opéra , dès le tems de la direction du
citoyen Devismes , c'est-à-dire, depuis trois ans.
Au premier essai, qui eut lieu en fructidor der-

---

oui ! On convient, d'ailleurs , que les professeurs les
ont lues : pourquoi cette distinction entre les *professeurs* et les *élèves* ? Ne sont-ils pas les uns et les autres
les subordonnés de Lesueur ! Et si l'on a craint de provoquer , par une communication indiscrète , l'insubordination des élèves , la même crainte ne devait-elle pas
exister à l'égard des professeurs ?

(1) Oui, celles de *Sarrette*, du chef de bureau, et du
citoyen Célérier , alors agent comptable.

(2) Lettre du 4 frimaire.

(3) Lettre du 24 frimaire.

nier chez le citoyen Célérier, on parut desirer
quelques changemens et coupures, qui, si l'on
avait eu de la bonne volonté, ne devaient pas
empêcher la répétition des morceaux non criti-
qués. Tous les jours on voit des auteurs corriger
leurs ouvrages dans le cours des répétitions. Gluck
faisait des changemens la veille même des repré-
sentations. Lesueur exécuta en 15 à 20 jours les
changemens et les coupures qui lui parurent utiles.
Le 16 vendémiaire, le troisième et dernier acte
fut livré. Voilà la vérité toute entière. Cependant,
à cette époque, ni depuis, point de répétitions.
On ne payait pas même les copistes. Pourquoi
cela ? La réponse à cette question est dans la
bouche d'un homme dont, sans doute, on ne
s'avisera pas de récuser le témoignage. Je veux
parler du citoyen *Bonnet*, alors commissaire du
Gouvernement près le Théâtre des Arts. Voici quelques passages fidèlement extraits d'une lettre qu'il
a rendue publique dans tous les journaux, et
notamment dans le journal de Paris, feuille du
7 frimaire an 10.

« J'AFFIRME que j'ai activé les travaux de
» cet opéra (la Mort d'Adam) autant qu'il m'a
» été possible, *que j'ai repoussé les insinuations*
» *journalières qui m'ont été faites* POUR EN
» RETARDER LA MISE, (des insinuations jour-

» nalières !) ; que particulièrement dans la séance
» répertoriale du 23 brumaire, le citoyen Célérier,
» agent comptable, M'AYANT PROPOSÉ DE METTRE
» AU THÉATRE SÉMIRAMIS AVANT LA MORT D'ADAM,
» je combattis cette proposition avec force, comme
» étant contraire aux droits du citoyen Lesueur,
» etc., etc. (1)

Croira-t-on maintenant que, malgré cette déclaration très-énergique du citoyen Bonnet, et
depuis sa publicité, *qui est du 7 frimaire*, le chef
de bureau, ami dévoué du citoyen Sarrette, ait
eu l'étrange indiscrétion de faire écrire par le
Ministre à Lesueur, *le 24 frimaire*, « *qu'il est*
» *faux qu'on ait eu le dessein de retarder la*

---

(1) J'ai tous les détails de cette fameuse séance répertoriale du 23 brumaire. Ils me sont également certifiés
par des témoignages irrécusables : le manuscrit entier
de la musique de *Lesueur*, était rendu au Théâtre des
Arts depuis cinq semaines, et Célérier, dévoué à *Sarrette*
et au professeur *Catel*, osa y dire que le *manuscrit*, ou
la partition de *Lesueur*, n'était pas à l'Opéra, et qu'il
fallait faire passer *Sémiramis*. Sur l'assurance positive
que la partition de la *Mort d'Adam* était depuis long-
tems rendue au Théâtre des Arts, il demanda pourquoi
les copistes n'en avaient point tiré les parties ? —
Parce que, répondit le commissaire du Gouvernement,
depuis cinq semaines, vous ne payez point les copies de
cet Opéra.

» *mise de la Mort d'Adam*, que l'ordre de la
» mettre à l'étude a été donné, QUE NUL N'A RÉ-
» CLAMÉ CONTRE SON EXÉCUTION ! ! ! ... » Croira-
t-on que ce *même ami dévoué* vient, tout récemment encore, de surprendre au Ministre l'autorisation de publier une semblable lettre ! ! ! (1) Enfin,
n'est-il pas évident qu'il lui a dissimulé ce témoignage public du citoyen Bonnet, et que, s'il
en eût eu connaissance, il n'aurait pas signé la
lettre du 24 frimaire ? (2)

---

(1) V. la note de la page 24 du *Recueil de Pièces*, et la page 25.

(2) Que penser du rédacteur du *Recueil*, qui ose lui-même imprimer, page 24, *que jamais personne n'a contesté à Lesueur son tour de mise* pour la Mort d'Adam ? Que penser aussi des inspecteurs qui ont été assez aveugles ou plutôt assez subjugués pour imprimer à leur tour, dans le Journal de Paris, feuille du 28 frimaire, *que le retard apporté à la représentation de la Mort d'Adam, n'est que la suite de celui que le citoyen Lesueur a mis à livrer sa partition ; que sans sa négligence, cet Opéra eût été donné en vendémiaire dernier ?* En vendémiaire dernier ! et à cette époque, on faisait sciemment des décorations qui ne pouvaient pas convenir !... A cette époque, on ne payait pas les copistes ! A cette époque, *Munich, bien payé*, faisait les décorations de *Sémiramis !* à cette époque, on répétait *Sémiramis* avec ténacité en maison tierce ! ! !

En second lieu , on fait dire que , fût-il vrai qu'on eût ordonné de différer la représentation de la Mort d'Adam , Lesueur n'aurait pas le droit de s'en plaindre , ni celui d'en accuser le Gouvernement , qu'il ne suffit pas de faire un Opéra pour en forcer la représentation ; qu'un auteur ne doit pas prétendre disposer du trésor public.

Dès la fin de l'an 8, Lucien Bonaparte alors Ministre de l'intérieur , avait deux fois donné l'ordre positif de monter la *Mort d'Adam*. Vers la fin de l'an 9, et après la mise des *Mystères d'Isis*, le Ministre actuel avait réitéré le même ordre. De ce moment Lesueur n'est plus rien. C'est le Gouvernement lui-même qui commande. Eh bien ! au mépris de sa volonté la plus expresse, on veut monter *Sémiramis* et ajourner la *Mort d'Adam ;* et l'on dira que Lesueur n'a pas le droit de se plaindre d'une infraction aussi manifeste aux ordres géminés de l'autorité !. . Et parce qu'il s'en plaindra, *on dira qu'il accuse le Gouvernement ; qu'il veut disposer du trésor public! !* Pour concilier cette étrange contradiction , il faut donc admettre qu'au moment où le Gouvernement donnait l'ordre de monter la *Mort d'Adam ,* il donnait en même-tems l'ordre d'en retarder la mise. Supposition absurde et ou-

trageante. Il est trop évident que ce même chef
de bureau aura perfidement négligé de rappeler
au Ministre les ordres émanés de lui-même et de
son prédécesseur; qu'il lui aura présenté Lesueur,
non pas comme réclamant modestement l'exécution des ordres de l'autorité, mais comme exi-
geant insolemment un ordre de répétitions, et
prétendant disposer du trésor public. Réclamer,
en vertu d'un ordre du Gouvernement, les décorations de sa pièce, est-ce là *prétendre disposer
du trésor public ?* Et cet agent comptable du
Gouvernement, qui, pour la *Mort d'Adam*,
fait exécuter sciemment des décorations inconve
nantes et inutiles, tandis que, sans ordre du Gouvernement, il dispose à grands frais et dans
l'ombre les décorations de *Sémiramis !* Est-ce
là *ne pas disposer du trésor public ?* Il s'est bien
gardé, le chef de bureau, de révéler toutes ces
dilapidations au Ministre. Il ne lui a point parlé
de ce jury d'artistes convoqué dans l'intervalle de
la lettre du 4 à celle du 24, sur la provocation
formelle des citoyens Lesueur et Guillard, pour
prononcer sur les décorations de la *Mort d'Adam*.
Il ne lui a pas dit que ce jury, composé des citoyens *Robert, Valenciennes, Berthelemy,* et
autres peintres, avaient en effet reconnu que les
décorations *étaient dénuées des localités et du*

grandiose du sujet , qu'il fallait les refaire.
N'est-il pas évident que, si ce chef de bureau eût
rendu compte au Ministre de toutes ces circonstances , jamais celui - ci n'aurait supposé à Lesueur la prétention de *disposer du trésor public ,*
et jamais il n'aurait signé la lettre du 24 frimaire ?

En troisième lieu , on fait dire au Ministre
que le projet de détruire l'Opéra français *est
une fable que Lesueur a ourdie dans l'intention de se faire un parti...... De porter
MÉCHAMMENT l'inquiétude dans l'âme des
honnêtes artistes qui ne sont occupés que de
leur devoir ,.... que Lesueur calomnie les
agens du Gouvernement , et qu'il n'a pas même
su rendre justice à ses intentions.*

Je ne reproduirai point , citoyen conseiller
d'état , toutes les preuves que j'ai administrées
dans la seconde partie de ce mémoire , sur
l'existence trop avérée du projet de détruire la
tragédie lyrique et mythologique en France. Je
me flatte d'avoir opéré sur ce point la conviction
la plus absolue. Je me bornerai seulement à
reprendre ici un passage de *la Décade Phi-
sophique* , feuille du 20 frimaire an 10.

L'auteur de cette feuille , après avoir dit que
les débuts des Dlles. *Chevalier* et *Chollet ,*
annonçaient l'aurore du système qu'il desirait voir

s'établir, ajoute : *il faudrait donc que l'Opéra et le Conservatoire fussent essentiellement unis. C'EST CE QUI M'AVAIT JADIS ENGAGÉ A PROPOSER AU GOUVERNEMENT de réunir sous la même administration, l'Opéra, le Conservatoire, et les fêtes nationales....*

S'il faut en croire *la Décade Philosophique, la restauration salutaire, le système de régénération auraient été proposés jadis au Gouvernement.* La pièce probante est donc consignée dans les archives du Ministre de l'intérieur. C'est le 20 frimaire que la *Décade Philosophique* nous fait publiquement cette précieuse révélation ; et c'est quatre jours après, c'est-à-dire le 24, que l'on fait dire au Ministre que ce *système régénérateur* (dont le monument est peut-être dans ses bureaux) EST UNE FABLE OURDIE PAR LESUEUR POUR SE CRÉER UN PARTI ! ! ! ... La *Décade Philosophique* est encore aujourd'hui dans toutes les mains ; et l'ami dévoué du *Grand Régénérateur Sarrette,* a eu tout récemment l'inconsidération de surprendre au Ministre l'autorisation de publier sa lettre ! ! ! ... Ah ! comme un chef d'administration est à plaindre ! ...

Je veux bien, néanmoins, admettre pour un moment, que le système régénérateur *soit une fable méchamment ourdie par Lesueur pour* se faire un parti et pour porter l'inquiétude dans l'âme des artistes. Dans cette hypothèse, et pour être conséquent, il faut donc aller jusqu'à supposer aussi que c'est Lesueur qui a rédigé ou suggéré l'article *de l'Année Théâtrale ;* que c'est lui qui est ou l'auteur ou l'inspirateur de ce fameux fragment de la *Décade Philosophique.* Eh bien ! lisons la suite de ce fragment :

« *C'est avec surprise qu'on a vu l'un des ins-*
» *pecteurs du Conservatoire,* un compositeur
» d'un mérite éminent, *par une lettre adressée*
» *au citoyen Guillard, jeter en quelque sorte*
» *un germe de division dans l'établissement*
» *dont il fait partie,* séparer indiscrètement le
» compositeur, *substituer ainsi l'amour-propre*
» *et l'intérêt personnel,* A LA RAISON DE
» L'INTÉRÊT GÉNÉRAL. *Un tort plus réel est*
« *d'avoir rendu cette lettre publique* (1) ».

______

(1) La diatribe dirigée nominativement contre Le-sueur dans le *Recueil de Pieces,* débute en ces termes :

» *C'est avec douleur qu'on a vu l'un des membres*
» *de cet établissement,* le citoyen Lesueur, *faire*
» *imprimer* un écrit intitulé : *Lettre en réponse*
» *à Guillard,* sur la *Mort d'Adam,* etc... On
» ne peut se dissimuler que cette brochure n'ait
» été *le signal de la discorde,* etc...»

Maintenant, je le demande. Est-ce Lesueur qui, *dans la Décade*, a écrit contre lui-même des réflexions aussi affligeantes que calomnieuses? Est-ce

---

La protestation des inspecteurs contre Lesueur, imprimée dans le Journal de Paris, feuille du 28 frimaire, contient littéralement la note suivante :

> « *On n'a pas vu sans surprise un professeur at-*
> » *taché à une école publique, semer dans deux*
> » *établissemens publics* consacrés aux beaux arts,
> » *l'inquiétude et l'agitation,* etc. »

N'est-il pas vrai que MM. les auteurs de l'*Année Théâtrale*, de la *Décade Philosophique*, de la *Protestation* et *du Recueil de Pièces*, se sont donné le mot? *Mêmes* reproches; *mêmes* expressions!... Cela est tout simple. C'est la *même* cotterie. Remarquez de plus, que la *Décade Philosophique* fait ici une sortie contre Lesueur, parce qu'il n'a pas senti, comme le citoyen Sarrette, que l'intérêt général consistait dans une révolution régénératrice au Théâtre des Arts; dans le renvoi de chanteurs tragiques, et dans la proscription des chefs-d'œuvres de *Gluck* et de *Sacchini*. Oh! la *Décade* a du tact en administration comme en musique!... Enfin, remarquez ce *chorus* de réclamations contre la publicité de *la lettre à Guillard*. Cette lettre est un *germe de division,* une *pomme de discorde.* Pourquoi cela, si cette lettre n'est véritablement qu'une *fable absurde et méchante ?* Ah! dites plutôt que cette publicité a déconcerté tous les projets des *régénérateurs! Inde iræ! Inde clamores !*

un ami de Lesueur , est-ce une trompette affidée de *sa fable méchamment ourdie* , qui a consigné contre lui-même dans cette feuille périodique une si mortifiante apostrophe ? N'est-il pas évident que le chef de bureau n'a parlé au Ministre ni de l'*Année théâtrale* , ni de la *Décade Philosophique* , ni *de cette proposition officielle faite au Gouvernement de régénérer le théâtre des Arts ?* N'est-il pas enfin évident que si le Ministre eût connu toutes ces pièces, jamais il n'aurait signé la lettre du 24 frimaire ?

Ces diverses attaques dirigées contre Lesueur , soit dans les journaux , soit sous le nom du Ministre , n'avaient pas ébranlé son courage. Les coups les plus sensibles ne lui avaient été portés que dans une confidence épistolaire. Le secret de cette confidence avait été, il est vrai, méchamment violé dans le Conservatoire ; mais si l'on en excepte le *fougueux Catel* et le citoyen *Vinit, secrétaire ,* tous les professeurs et tous les élèves , malgré l'odieuse provocation du directeur Sarrette , étaient restés constamment à l'égard de Lesueur, dans les bornes de la décence et de la subordination. Lesueur poursuivait, en silence, à travers une mer de fiel et d'amertumes , la mise de la *Mort d'Adam.* Le citoyen Sarrette, voyant que le feu de ses batteries s'amortissait dans l'imperturbable patience de son ennemi, portant toujours, d'ailleurs, au fond de son âme, sa chère *Sémiramis*, imagine de mettre en mouvement son grand corps de réserve ; je veux parler des inspecteurs.

Jusqu'alors, et même jusqu'à ce jour, Lesueur avait constamment observé envers ses collègues , les plus grands égards et la plus parfaite considération. Jamais le plus léger reproche, jamais la plus petite réflexion désobligeante n'étaient sortis de sa bouche. Nulle querelle , nuls débats n'avaient altéré l'harmonie qui doit unir les chefs d'un grand établissement. Après une conduite aussi généreuse, Lesueur pouvait-il croire que les inspecteurs cédant aux perfides insinuations du citoyen Sarrette, viendraient spontanément, eux-mêmes , par une protestation imprimée, jeter dans le public, le gant du combat à leur collègue. Cette protestation répandue dans tous les journaux, n'est point et ne peut pas être leur ouvrage. On y reconnaît l'encre empoisonnée du citoyen Sarrette, son génie inventif en interprétations forcées, en démentis audacieux, en doléances hypocrites ? Qu'avaient à faire les inspecteurs dans une querelle qui leur était étrangère ? Etait-ce contr'eux que la *lettre à Guillard* était diriigée ? Lesueur ne s'y était-il pas attaché, au contraire, à rendre mille fois hommage à leurs talens, à leurs lumières et à la pureté de leurs intentions ? Cette lettre n'avait-elle pas été essentiellement écrite dans l'intérêt de leur gloire comme dans celui de l'établissement dont ils sont les chefs ? Ah ! citoyen conseiller d'état, ils sont honnêtes et justes les inspecteurs du Conservatoire, quand ils ne sont point courbés sous le sceptre du citoyen Sarrette ! Écoutez le citoyen *Martiny*, l'un des inspecteurs, finissant la lecture de la *lettre à Guillard.* Il vient chez son auteur. Il applaudit avec transport à son courage, et *il se jette dans ses bras.* Cependant le citoyen *Martiny* est signataire de la protestation ! Le digne et respectable *Monsigny*, ce charmant et délicieux auteur de *Rose* et *Colas*, ce bon vieillard rencontre également Lesueur au mois de nivose dernier, à la distribution des prix du Conservatoire, et il lui témoigne dans le foyer de l'Opéra, avec une franche et touchante expression, tous les chagrins qu'il ressent d'avoir signé la protestation. *Ce qui l'affligeait davantage, disait-il à Lesueur, c'est qu'on devait supprimer plusieurs phrases qu'il n'avait pas voulu signer, et qui cependant ont été rétablies après coup* (1).

Bien qu'il fut évident à Lesueur que la protestation des inspecteurs était l'œuvre toute entière du citoyen Sarrette, cette dernière attaque fut pour lui la plus sensible. On venait de le mettre solemnellement aux prises avec ses propres collègues. Devait-il, en entamant avec eux une discussion polémique, offrir au public le spectacle affligeant d'un corps d'enseignement divisé contre lui-même ? C'était bien là le but secret des tentatives du citoyen Sarrette. C'était dans cette vue coupable qu'il avait provoqué dans les journaux ce schisme déplorable pour pouvoir ensuite en attribuer tout l'odieux à son ennemi. Lesueur n'écouta encore, dans cette occasion, que son inaltérable patience. Il éteignit dans la main de son implacable persécuteur, ce nouveau tison de division. Il se borna seulement à répondre à la virulente protestation de ses collègues, par une lettre pleine de calme, de

---

(1) Je ne puis pas croire que le citoyen Monsigny ait la faiblesse d'accorder au citoyen Sarrette un certificat qui démente cet aveu fait en plein foyer, et devant des témoins oculaires.

modération, et dé doucèur (1) ; et le citoyen Sarrette fut encore pour la millième fois déjoue dans ses affreux calculs.

Si Lesueur s'en fût tenu là , on ne pouvait qu'applaudir à sa prudence et à son caractère ; mais , à la même époque, il manifesta un esprit de découragement et de faiblesse , qui n'a fait qu'enhardir ses ennemis, et qui lui vaut peut-être aujourd'hui , une partie des nouvelles persécutions qu'il éprouve. Je veux parler de la lettre qu'il a écrite aux administrateurs du théâtre des Arts , le 29 frimaire , le lendemain de la protestation des inspecteurs. Dans cette lettre , il déclare, « qu'examen fait des cir-
» constances difficiles, qui se présentent au mo-
» ment où l'Opéra de la *Mort d'Adam* entre à
» peine en répétition, et *voulant éviter l'o-*
» *rage qui s'amoncèle sur lui ,* il ne peut le
» laisser donner sous de pareils auspices , et il
» se détermine à retirer ses ouvrages du théâtre
» des Arts (2). »

---

(1) Voir cette lettre dans le Journal des Spectacles du 1er. nivose an 10.

(2) Voir cette lettre dans le même Journal, même feuille. Elle suit immédiatement la réponse de Lesueur à la protestation des inspecteurs.

Il est bien vrai que Lesueur avait une raison
plausible pour justifier cet acte de faiblesse.
C'est le refus formel que lui avait notifié, à
cette époque, le citoyen Célérier, de refaire
les décorations, malgré l'opinion du jury; mais,
dans de grandes crises, il faut savoir quelquefois
recourir aux grands moyens. A la place de
Lesueur, j'aurais, moi, eu le courage de monter
mon opéra avec des décorations défectueuses, et
à la veille de la représentation, je me serais
borné seulement à annoncer au public dans les
journaux, que j'avais inutilement demandé à
l'administration, la décoration du sujet, qu'on
avait persisté à me laisser des décorations in—
convenantes, et jugées telles par un jury d'artistes. J'aurais, en conséquence, réclamé sur ce
point l'indulgence du public, et de suite, je me
serais embarqué sur la mer orageuse. Croit—on
qu'après une détermination aussi prononcée, le
citoyen Célérier eût osé compromettre la gloire
du théâtre des Arts, au point d'y laisser jouer
un opéra nouveau sans décorations analogues ?
Non. Le citoyen Célérier aurait fléchi. J'en ai
pour garant l'intérêt même de son amour-propre.
Son rôle était de décourager. Celui de Lesueur
était, au contraire, de doubler d'énergie. Il ne

l'a point fait. Voilà un tort grave qu'il expie
et qui lui coute bien cher. (1).

---

(1) Oui, mais les sifflets?... Vaine et puérile considération. J'ai constamment reconnu dans le parterre un
juge délicat, imperturbable et juste. Il foudroie sans
pitié les idées ignobles et les locutions triviales ; mais
quel tact, quelle justesse pour faire jaillir les choses de
vérité ou de verve ! Le parterre d'aujourd'hui ne siffle-
rait point *Racine* pour applaudir à *Pradon*. Il est bien
quelquefois agité par de misérables grouppes de *parti-*
sans et d'*amis ;* mais que peuvent de chétifs pelotons
en désordre et disséminés, contre l'armée imposante et
serrée du public ? Il ne faut pas une grande habitude
du théâtre, pour y distinguer le sifflet tremblant et hon-
teux de la cabale, du sifflet ferme et ronflant du bon
goût. Eh bien ! c'est ce sifflet que sans doute il faut tâcher
de ne pas provoquer ; mais que pourtant il ne faut pas
craindre. Je le dis hardiment : les sifflets, justement
appliqués, sont la meilleure école des auteurs. Leur
bourasque dissipe les prestiges trompeurs de la pater-
nité dramatique, et découvrent à nu aux regards in-
terdits des Auteurs, la médiocrité de leurs productions. C'est le *van* du cultivateur, qui fait voltiger la
paille légère, et qui sépare le mauvais grain du pur
froment.

Voilà ce que Lesueur n'a point assez senti, quand
il a eu l'indiscrétion de retirer son Opéra du Théâtre
des Arts. Sans doute il pouvait tomber, mais dans ces
sortes de chûtes, il faut savoir se relever, comme

Ét si la *Mort d'Adam* eût été couronné d'un plein succès? comme tous les ennemis de Lesueur rentraient dans la poussière ! Quel beau triomphe pour mon estimable ami !...... Essuierait-il aujourd'hui toutes les vexations dont on l'accable ? et moi-même aurais-je aujourd'hui, la triste et pénible fonction de le défendre !.....

Aussi , quel grand jour de *jubilation* et de délire pour le citoyen Sarrette et pour son *bon ami* Catel, que celui où ils apprirent la retraite de Lesueur ! Le champ de bataille si long-temps disputé, grace aux intrigues auxiliaires du citoyen Célérier, leur était resté. On croira, sans doute, que, satisfaits de cette victoire, le citoyen Sarrette et ses adhérens vont enfin laisser respirer Lesueur, et du moins ajourner après la mise de *Sémiramis*, la suite du systême de persécutions organisé contre lui depuis la *lettre à Guillard.* Point du tout. Sarrette a livré un combat à mort. Il faut que Lesueur succombe.

La discussion assez vive qu'occasionna la *lettre à Guillard*, dans les journaux, depuis le 16 brumaire, époque de sa publicité, jusqu'au 29

---

l'athlète terrassé, qui tire du sentiment même de sa chûte une nouvelle force pour se précipiter sur son adversaire.

frimaire, avait attiré l'attention publique *sur la Mort d'Adam*. Tout Paris savait que cet opéra avait tour acquis sur *Sémiramis. Catel* en était convenu publiquement lui-même. Dans cette position, comment hasarder *Sémiramis* ? On pourra croire que Lesueur, compositeur connu , a été sacrifié pour Catel, et la défaveur qui naîtra d'une semblable injustice , pourra fort bien réfléchir sur *Sémiramis*. Le citoyen Sarrette prévoyant cet inconvénient , imagina de faire demander à Lesueur *et au citoyen Guillard ,* au nom du citoyen Célérier, le paiement des décorations de la *Mort d'Adam ,* qui étaient évaluées à une somme de 9000 francs. Le paiement de décorations jugées inutiles et inconvenantes ! . . . . En vérité , si je n'avais pas en main la preuve matérielle de ce fait, je n'aurais pas la force d'y croire ! Lesueur réclame. On le menace de former une saisie sur ses appointemens. Heureusement l'estimable auteur du *Vieux Célibataire ,* ami du citoyen Guillard , a le courage de s'adresser lui-même au Ministre. Il offre de vendre sa maison de campagne si l'on persiste. Le Ministre toujours juste quand il n'est pas trompé , s'est empressé de proscrire cette prétention. On pénètre, sans doute, dans cette nouvelle intrigue, le but caché du citoyen Sarrette. Il voulait se réserver

une preuve que Lesueur n'avait pas été sacrifié
à Catel. Cette preuve devait coûter neuf mille
francs aux auteurs de la *Mort d'Adam*. Que
lui importait? pourvu qu'il fût constant, que le
théâtre des Arts avait insisté pour monter cet
ouvrage.

Le citoyen Bonnet venait de donner sa démission, au grand étonnement des artistes qui n'en ont
jamais pu pénétrer le motif; mais aussi au grand
contentement du citoyen Sarrette. Le citoyen
Célérier était parvenu à se faire nommer seul
administrateur de l'Opéra. Cet évènement avait
redoublé l'audace et les prétentions du citoyen
Sarrette , lorsqu'un incident inattendu faillit
renverser tout l'échaffaudage de persécutions élevé
contre Lesueur, et rétablir cet intéressant artiste
dans l'intégrité de sa réputation et de ses droits.

Un amateur des arts , bien connu par la
protection puissante dont il les a constamment
honorés , venait de faire inviter Lesueur à
consentir que les principaux fragmens de son
opéra des Bardes , fussent exécutés chez lui par
les premiers chanteurs de l'Opéra et par les premiers artistes de son orchestre. A cet effet, on
s'était arrangé de manière à ce que le service
ordinaire du théâtre ne souffrît point de cet
exercice.

Lesueur indique les répétitions de ce concert, dans son appartement, au Conservatoire ; et comme parmi les artistes convoqués pour les répétitions, il en était plusieurs qui étaient membres du Conservatoire, il a la précaution de choisir des heures libres et des jours où d'après le règlement il n'y a point d'assemblée dans cet établissement. Que fait de son côté le directeur Sarrette ? Il affecte méchamment de convoquer des assemblées extraordinaires aux mêmes jours et aux mêmes heures, de manière que les artistes membres du Conservatoire sont dans la nécessité de faire attendre ceux de l'Opéra, qui se rendaient exactement chez Lesueur à l'heure indiquée. De-là du découragement et de légers murmures, à travers esquels certains affidés du citoyen Sarrette, disaient que Lesueur s'arrangeait mal pour les heures, et qu'il était cause de la perte de tems qu'essuyaient les artistes. Oh ! c'est bien là du citoyen Sarrette !

Quoi qu'il en soit, les répétitions s'exécutent avec beaucoup de soin et de zèle de la part des artistes, et huit jours avant celui fixé pour le concert, on a l'attention d'écrire au citoyen *Célé-rier*, pour lui demander si l'on peut, sans compromettre le service de l'Opéra, compter tel jour sur le citoyen *Laïs*, sur mademoiselle *Armand* et sur ceux des autres artistes de l'Opéra qui seront désignés par Lesueur. Le citoyen Célérier répond affirmativement. Le citoyen *Laïs*, mademoiselle *Armand* et les autres artistes, reçoivent leurs lettres d'invitation ; mais sur l'observation du citoyen Laïs, qu'il faudrait encore quelques répétitions pour bien exécuter les *Bardes* que le laps de tems étant trop borné, Lesueur devait tâcher d'obtenir que le concert fût ajourné à une époque un peu plus éloignée, Lesueur fait des démarches, et il obtient que le concert soit remis à un autre jour. Mais comme l'amateur avait de son côté pris des arrangemens qu'il ne pouvait pas rompre, on convient que le jour indiqué chez lui pour le concert des *Bardes*, serait consacré à un autre concert dans lequel le citoyen *Laïs*, mademoiselle *Armand*, et autres artistes, voudraient bien figurer. En conséquence, on leur adresse de nouveaux billets d'invitation, dans lesquels on leur fait part de ces dispositions.

Le citoyen Célérier, étroitement uni au citoyen Sarrette, redoutait l'effet du concert des *Bardes*, exécuté devant un cercle d'amateurs distingués. Il voulait à toutes fins rompre cette barre de fer

qui traversait les plans de *régénération ;* mais il
voulait en même-tems avoir l'air de ne pas man-
quer à sa parole , et de ne pas désobliger l'amateur chez lequel le concert devait avoir lieu. Cela
était assez difficile. Heureusement le génie du cit.
Sarrette est-là. Voici ce qui s'est passé :

L'avant-veille du jour du concert où l'on devait
exécuter une autre musique que celle des *Bardes,*
le citoyen Célérier demande au citoyen *Laïs ,*
dans l'administration de l'Opéra , si le concert
des *Bardes* étant reculé , il ira toujours au concert indiqué le surlendemain. Le citoyen Laïs déclare qu'il ira. Le citoyen Célérier lui dit alors, et
pour la première fois , qu'il n'a point d'autres
ouvrages à mettre ce jour-là que les *Mystères
d'Isis ,* opéra dans lequel il chante avec mademoiselle *Armand.* « J'ai promis , monsieur , lui
» réplique vivement le citoyen Laïs. Vous même
» avez donné par écrit votre parole que je serai
» libre ainsi que mademoiselle *Armand.* Arrêtez
» donc d'autres dispositions , si vous ne voulez
» pas que la rupture du concert vous soit im-
» putée ».

Le citoyen Célérier persiste, en disant que le
service public devait marcher avant tout, et en
promettant, au surplus, qu'il se chargeait lui-
même d'expliquer ce contre-tems. Le citoyen

Laïs le presse de s'en occuper sur-le-champ, sinon, il déclare qu'il va lui-même écrire ce qui se passe. Le citoyen Célérier balance un instant. Il craint de se compromettre. Enfin, il se lève, en assurant au citoyen Laïs qu'il va de ce pas annoncer l'impossibilité où il est de changer le spectacle et la nécessité de donner les *Mystères d'Isis*. La vérité est qu'il ne fait point la démarche promise, et qu'il attend au lendemain, veille du concert, pour écrire... Quoi? on ne devinera jamais ce qu'il ose mander pour se justifier. Je ne le croirais pas, si je n'en avais les preuves les plus positives. Le citoyen Célérier fait le plus insigne et le plus dégoûtant des mensonges. Il ose dire : que le citoyen Laïs s'est arrangé de manière à ce que l'administration ne peut pas mettre un autre Opéra que les *Mystères d'Isis*, dans lequel il joue avec mademoiselle *Armand*, qu'il ne faut, en conséquence, imputer qu'à lui seul l'impossibilité où il est, lui *Célérier*, de tenir sa parole. Le trait est hardi ; il faut en convenir ; mais il allait au but. On cherchait à indisposer l'amateur contre le citoyen *Laïs* et mademoiselle *Armand*, sans lesquels le concert des *Bardes* n'était pas exécutable ; et on espérait ainsi l'amener à renoncer à cet avant-goût désastreux de l'un des plus importans ouvrages de Lesueur.

Une aventure inattendue et subite, faillit encore déranger cette perfide manœuvre. Mademoiselle *Maillard*, aussi nécessaire aux *Mystères d'Isis*, que pouvaient l'être le citoyen *Laïs* et mademoiselle *Armand*, est frappée d'une indisposition, et la voilà dans l'impossibilité de jouer le lendemain. En supposant que le citoyen *Laïs* et mademoiselle *Armand* n'eussent pas été engagés pour ce jour-là dans un concert particulier, n'est-il pas vrai que la seule indisposition de mademoiselle *Maillard* aurait suffi au citoyen Célérier pour lui suggérer la mise d'un autre opéra, et qu'il n'aurait pas été bien embarrassé pour le trouver ? Cela se conçoit; mais le citoyen Célérier manquait son objet. Il fallait aliéner le cit. *Laïs* et mademoiselle *Armand* dans l'esprit de l'amateur. Il fallait jouer les *Mystères d'Isis*. En conséquence, on charge une autre actrice d'apprendre le rôle de mademoiselle *Maillard*. Le tems est bien court pourtant. Il n'y a que 24 heures. « Cela est égal. Passez la nuit. On vous » comptera telle somme ». La somme est comptée. Le rôle est appris, et, grace au ciel, les *Mystères d'Isis* sont joués par le citoyen *Laïs* et mademoiselle *Armand*. Résultat triomphant pour le citoyen Sarrette ! Voilà les deux principaux acteurs du concert des *Bardes*, compromis dans l'opinion de l'amateur. Celui-ci, pour ne plus s'exposer à de semblablés aventures, ne demandera plus à faire exécuter les *Bardes*, et les *Bardes* ne seront point entendus. Bravo! citoyen Sarrette!

Bientôt le citoyen Laïs apprend qu'on a jeté sur lui tout l'odieux de cette misérable intrigue. Il réclame un certificat qui constate que, s'il n'a pas été au concert, la faute seule en est au cit. Célérier, qui malgré les réclamations du citoyen *Laïs* et de mademoiselle *Armand*, a persisté à vouloir monter les *Mystères d'Isis*. Ce certificat, signé du citoyen *Lainez*, premier acteur; du citoyen *Lasuze*, maître du chant, et (chose bien remarquable!) signé de l'ami du citoyen Célérier, de l'homme le plus dévoué au cit. Sarrette; en un mot, du citoyen *Guichard*, fut envoyé de suite par le citoyen *Laïs* pour sa justification et pour celle de mademoiselle *Armand*.

Quoi qu'il en soit, les citoyens Célérier et Sarrette avaient frappé juste. Le projet d'exécuter les *Bardes* dans un concert fut en effet abandonné.

C'est sur ces entrefaites, citoyen conseiller d'état, que le magistrat qui vous a précédé fut appelé par le Gouvernement pour remplacer le Ministre de l'intérieur, dans les attributions relatives au théâtre des Arts. Voulant sans doute dédommager Lesueur de ses privations et de ses peines, il envoya à l'administration du théâtre des Arts, l'ordre de faire entendre dans un des concerts de la Semaine Sainte, les mêmes frag- mens des *Bardes*, avec le chant des *Bardes* sur la paix, paroles du citoyen Lormian, et dans le concert du sur-lendemain quelques fragmens de la *Mort d'Adam*. Nouveau surcroît de con- trariétés pour le citoyen Célérier et le citoyen Sarrette. Il fallut pourtant obéir ; mais quelle peine, bon dieu ! quelles entraves pour l'organi- sation de ces deux concerts !.... elle dura huit jours. Le citoyen Catel, qui suivait alors les répétitions de *Sémiramis*, ne quittait plus l'ad- ministration. Il se trouvait là tous les matins, lorsque Lesueur et le citoyen Lormian s'y pré- sentaient pour y disposer les répétitions de leurs concerts ; et Catel, en fidèle *eunuque*, rendait un compte exact de ce qui se passait au *sultan* Sarrette. Grace *à la bonne volonté de Catel*, presque toujours les dispositions arrêtées le matin avec Lesueur et le cit. Lormian, le soir étaient dérangées. Enfin il n'y avait plus que trois jours pour faire les répétitions des deux concerts ; on en fait sérieusement l'observation au cit. Célérier.

« Eh bien, dit-il, il faut répéter tel jour les

» fragmens des *Bardes* ». Catel entend cette décision. Depuis le retrait de la *Mort d'Adam*, il n'avait pas adressé une seule parole à Lesueur son supérieur. Cette fois-ci, il rompt brusquement le silence, et il a l'effronterie de réclamer une répétition de *Sémiramis*, précisément pour le jour et pour l'heure consacrés à la répétition des *Bardes ;* puis s'adressant au citoyen Célérier : « *Vous serez,* lui dit-il, *responsable devant* » *l'autorité de ne point faire répéter Sémira-* » *mis* ». Lesueur lui observe, sans aigreur, que les fragmens des *Bardes*, le chant de la *Paix* et les moroeaux de la *Mort d'Adam*, sont aussi donnés par ordre de l'autorité ; qu'il n'y a plus que trois jours, et qu'il est bien tems de commencer les répétitions. « *Je ne vous parle* » *point, monsieur !* (repart vivement Catel) » *je parle à monsieur Célérier. Pourquoi m'a-* » *dressez-vous la parole* » ? Lesueur ne répliqua rien. Ses répétitions s'exécutèrent.

Les fragmens des *Bardes* et le chant de la *Paix* devaient être chantés dans le concert du mercredi, et le vendredi on devait exécuter les fragmens de la *Mort d'Adam.*

De tous tems au théâtre des Arts, comme dans les autres spectacles, les nouveautés sont annoncées au moins dix jours à l'avance sur les affiches du théâtre et dans les journaux. Cette précaution est celle de tous administrateurs attentifs qui songent à bonifier leurs recettes. Par un de ces hasards qui n'appartiennent qu'à Lesueur , le citoyen Célérier, d'ailleurs administrateur très-vigilant, oublie d'annoncer, soit dans les journaux, soit sur les affiches , les deux concerts de Lesueur. Le journal de Paris est le seul (autant que je puisse croire) qui , dix jours avant les concerts, les ait annoncés , non pas à l'article des spectacles, mais à l'article *Paris*. Sur cette seule annonce il y avait un grand nombre de loges louées à l'avance; mais le matin du mercredi, jour fixé pour le premier concert, plusieurs artistes de l'Opéra apprennent que dans les bureaux du théâtre on disait aux personnes qui avaient loué des loges et qui allaient retirer leurs coupons : « *Ce n'est pas aujourd'hui le beau* » *jour; Garat ne chante pas. La musique de* » *Lesueur exécutée sans actions, sera ennuyeuse.* » *L'exécution de ce soir ne sera qu'une bonne* » *répétition. Revenez les autres jours* ». De son côté, et dans la même matinée, *Catel ,* avec ses affidés, répandent dans les cotteries et dans les salons, que le concert des *Bardes* n'a pas lieu, et qu'il est remis. Enfin jusqu'à l'afficheur qui , ce jour-là, s'est réveillé plus tard qu'à l'ordinaire,

et qui s'est avisé de ne placarder les affiches en-
dehors qu'au moment où l'on partait pour Long-
champ, en oubliant d'afficher dans la plupart des
carrefours et quartiers de la capitale où il avait
l'habitude de le faire!.. (1).

Ces basses et misérables manœuvres n'eurent
que trop de succès. De toutes les loges louées
il n'en resta que dix-huit. Le concert des *Bardes*
fut à-peu-près exécuté dans le désert ; et l'effet
que Lesueur avait peut-être droit d'en attendre,
ne fut senti que du très-petit nombre d'amateurs qui y assistaient (2).

Environ quinze jours après les concerts de la
Semaine Sainte, arriva la première représentation
de *Sémiramis*. Si l'on en croit les bruits publics, le
parterre et les coulisses de l'opéra étaient encombrés
d'élèves du Conservatoire et de partisans du citoyen Sarrette. La presque totalité des billets de

---

(1) C'est un fait dont je suis le témoin oculaire.

(2) Les fragmens de la *Mort d'Adam* étaient indiqués pour le concert du *Vendredi saint*. L'affiche imprimée du jeudi n'en parla point. J'ai seulement remarqué, au bal de l'Opéra, dans la nuit de ce même
jeudi, que les fragmens de la *Mort d'Adam*, ont été
annoncés pour le lendemain sur un petit placard manuscrit attaché à la porte de l'Administration. Voilà
encore un fait dont je dépose *de visu*.

parterre fut envahie avant l'ouverture, ce qui occasionna plusieurs scènes tumultueuses, qui nécessitèrent l'intervention de la Police. A peine y eut-il cent billets réservés au public. La quantité d'entrées gratuites, délivrée à cette première représentation, parut si scandaleuse, que le citoyen Célérier en essuya des reproches. Croirait-on que cet homme, pour se justifier, ait eu l'audace d'aller dire jusqu'au seuil de l'autorité, que Lesueur était à la tête d'une immense cabale, et qu'il a fallu faire ce sacrifice pour la combattre. Lesueur à la tête d'une immense cabale ! Lui ! en vérité, pour ceux qui le connaissent, il y aurait de quoi rire, si l'imputation n'était pas atroce. Calomniateurs audacieux ! fabriquez vos succès aux dépens du Trésor Public, si cela vous convient; mais que ce ne soit pas du moins aux dépens de l'honneur d'un galant homme.

A tant d'intrigues et de provocations, Lesueur continuait toujours d'opposer son sang-froid et son inflexible patience. Ce n'est pas pourtant que dans les comités particuliers d'inspecteurs, le citoyen Sarrette n'ait pris souvent à tâche de lancer contre lui, en présence de ses collègues, des mots à double entente et des sarcasmes amers. Lesueur était sourd et ne répondait rien ; il voulait à tout prix conserver la paix dans l'établissement. Le citoyen Sarrette en était déconcerté. Aussi par forme de réflexions morales, mais en serrant les lèvres, il disait tantôt que *la réserve, la prudence et le calme cachaient souvent la plus grande fausseté ;* tantôt *que les gens doux étaient des méchans et des brouillons ;* tantôt *que ceux qui gardaient le silence sur les insultes qu'on avait pu leur faire indirectement, étaient des coquins d'avoir l'air de ne pas chercher à se venger,* etc. Le citoyen Sarrette vouloit à toutes fins, de l'éclat et du scandale. Il aurait alors fabriqué une fable bien *bourrée* de méchancetés, de calomnies et d'atrocités, pour perdre ensuite, par une bonne dénonciation, un homme qui lui devenait insupportable. Lesueur voyait le piége, et il tenait bon.

Jusqu'à présent, citoyen conseiller – d'état, vous avez vu le citoyen Sarrette se cacher, tantôt derrière le citoyen Célérier, tantôt derrière le corps des inspecteurs, tantôt enfin (ce qui est le comble de l'audace), derrière le Ministre lui-même, et de-là décocher tous ses traits.

Vous l'avez également vu chercher à provoquer la division par Lesueur ; mais cependant être assez réservé, pour ne pas oser lui-même

allumer la torche. Une lettre anonyme, distri-
buée dans le public, et dans laquelle le citoyen
Sarrette n'est rien moins que ménagé, a paru,
pour le malheur de Lesueur, au mois de prairial dernier, et elle est devenue le signal de
nouvelles persécutions. Je veux parler de la
lettre *à M. Paësiello*, qui, à beaucoup d'excellentes idées sur l'art musical, joint malheureusement des vues fausses et même subversives
du bel établissement dont Lesueur est membre.
Du moment où le citoyen Sarrette s'est vu personnellement attaqué dans cette fatale brochure,
il n'a plus gardé de mesures et il a rompu toutes
les digues.

Mais sur-tout, admirez la sagacité de ce persécuteur. *La lettre à M. Paësiello* conte-
nait sur l'art musical, comme je viens de le
dire, de bonnes idées qui se rapprochaient de
cellés que Lesueur avait émises dans sa *lettre
à Guillard* ; le citoyen Sarrette en conclura
que Lesueur est l'auteur ou tout au moins l'inspirateur de la lettre *à M. Paësiello*. De plus
cette même lettre *à M. Paësiello*, contient des
vues nuisibles au Conservatoire, le citoyen Sarrette en conclura que Lesueur conspire l'anéantissement du Conservatoire.

Voilà, citoyen conseiller-d'état, désormais le

thême du citoyen Sarrette ; c'est sur ce *plateau* qu'il va dresser ses nouvelles batteries. Lesueur méditer la destruction d'un grand établissement *qui le fait vivre !* Quelle idée heureuse ! comme elle est vraisemblable ! Tout le monde, peut-être, ne sentira pas cela comme le cit. Sarrette ; mais en revanche pour lui, dont l'invariable système est de ne jamais se mettre en avant ; quelle excellente occasion d'attaquer Lesueur, non plus par le citoyen Célérier, non plus par les inspecteurs ; mais PAR QUATRE-VINGT MEMBRES ET PAR QUATRE CENTS ÉLÈVES QUI COMPOSENT LE CONSERVATOIRE ! !....

Ce n'était cependant pas une petite affaire, que de soulever tout le Conservatoire contre l'un de ses inspecteurs qui y jouissait de l'estime et de la considération générales ; mais d'avance et depuis long-tems le citoyen Sarrette avait applani tous les obstacles. Les grandes attributions qu'il avait amoncelées sur la tête du directeur, dans son réglement du mois de germinal an 8, lui avaient assuré un despotisme absolu sur les professeurs et sur les élèves, et presque tous avaient contracté l'habitude de le considérer comme l'arbitre indépendant et suprême de leur destinée. A l'influence naturelle attachée à cette suprématie, le cit. Sarrette avait eu l'adresse de mêler encore l'ascendant respectable de l'Autorité. *Le bon ami Catel*, et le *Champion Vinit*, ses deux affidés, n'avaient cessé de répandre dans le Conservatoire, que le citoyen Sarrette *était le bras droit de l'autorité supérieure ;* qu'il en était estimé et révéré au point que s'il sortait du Conservatoire, ce serait *pour être Préfet*, qu'il ne serait pas même impossible *qu'il devînt Ministre ;* en un mot que *l'autorité ne voyait, ne pensait et n'agissait que par lui ;* qu'ainsi il fallait bien se garder de contrarier le citoyen Sarrette dans ses volontés, puisque ce serait contrarier *l'autorité elle-même.* D'un autre côté, le citoyen Sarrette était, par sa place, l'ordonnateur des dépenses et le distributeur des appointemens. Cette circonstance lui avait fourni le moyen de dominer et d'asservir les membres du Conservatoire à un tel point, que plusieurs se croient payés, non par le Trésor-Public, mais par le citoyen Sarrette (1).

______

(1) J'ai en main la preuve d'un fait assez extraordinaire. Des gens officieux ont écrit, et même ont été dire complaisamment à plusieurs rédacteurs ou propriétaires de journaux, qu'ils eussent à garder le plus profond silence sur les opéras de Lesueur et sur sa personne ; sans quoi ils seraient punis par la police, et des visites seraient faites sur-le-champ dans leurs imprime-

Avec de semblables préparations, et avec des leviers aussi puissans , on conçoit déjà que le projet d'insurger tout le Conservatoire contre l'un de ses chefs , si difficile pour tout autre , ne devait pas être impraticable pour le citoyen Sarrette.

Mais pour amener tous les membres du Conservatoire à signer une accusation contre Lesueur, il fallait une assemblée générale. Le réglement donnait bien le droit au citoyen Sarrette de la convoquer extraordinairement. Il était bien convaincu qu'il y aurait pour lui les inspecteurs , *le bon ami Catel,* et *maître Vinit,* tous deux assez experts dans la tactique des assemblées tumultueuses. Enfin il savait que des artistes ont en général peu de prétentions à l'art oratoire , et que conséquémment il y rencontrerait bien peu de contradicteurs redoutables. Tous ces avantages lui inspiraient une grande sécurité. Cependant il avait remarqué dans plusieurs assemblées générales, que quelques professeurs du Conservatoire maniaient assez bien le talent de la parole, et dès-lors il avait senti la nécessité de les enchaîner à son parti. En conséquence, à celui-

ries. Cependant, il a été vérifié que jamais ni le Préfet de police, ni le Ministre de la police, n'ont donné, ni même insinué de pareils ordres. D'où partent de semblables traits ? C'est ce que je laisse à penser.

ci, pour s'en faire un orateur au besoin, il avait promis une place *de maître de chant à l'O-péra*, lorsqu'il en serait l'administrateur suprême, et de plus une place de *chef répétiteur* des exercices et concerts du Conservatoire, avec un gros supplément d'honoraires (1). A celui-là, il avait garanti un grade de première classe. A un autre, il avait assuré la survivance de Lesueur, qui devait être infailliblement destitué, ou tout au moins forcé de donner sa démission. Quant *au bon ami Catel*, son lot était fait; il devait remplacer le citoyen Rey, chef d'orchestre à l'Opéra.

Ce ne fut qu'après avoir récapitulé tous ces moyens et bien mesuré l'étendue de sa toute-puissance, que le citoyen Sarrette se détermina à saisir le prétexte de la *lettre à M. Paësiello*, pour produire un grand éclat contre Lesueur, et lui porter en assemblée générale, *le coup d'as-sommoir;* mais avant tout, et autant pour essayer ses forces, que pour se créer des armes contre

______

(1) Il est à remarquer que ce professeur était, il y a trois ans, l'homme qui ridiculisait le plus amèrement la folle ambition du citoyen Sarrette; et qu'il ne doit en partie sa place de professeur qu'à la ténacité des instances de Lesueur, dont alors il était l'ami le plus dévoué. Comme l'ambition change les hommes!...

Lesueur, en l'arrachant, s'il était possible, à sa modération ordinaire, il crut nécessaire de faire, en *comité particulier* des inspecteurs une répétition de la grande scène préparée pour *l'assemblée générale.*

J'arrive, citoyen conseiller d'état, à des détails aussi douloureux qu'ils sont épouvantables. Vous allez juger s'il existe sur la terre un homme plus abreuvé d'humiliations, plus rassasié d'invectives et d'outrages, plus horriblement persécuté que ne l'a été mon malheureux ami.

Dans le comité du 14 prairial, le citoyen Sarrette saisit le moment où les citoyens Martini et Chérubiny se retirent. Il interrompt les délibérations, et pour la première fois depuis plusieurs mois, il apostrophe brusquement Lesueur, en lui demandant *pourquoi dans la lettre à Guillard* (publiée il y a 8 mois), *il s'est exprimé avec autant d'énergie, sur les aspirans, à la composition théâtrale destinée au grand Opéra.* « Pourquoi ? lui répond Lesueur, c'est
» parce que les jeunes aspirans doivent cesser
» de prétendre à usurper les tours acquis aux
» compositeurs éprouvés. C'est qu'il est tems, si
» l'on veut soutenir la gloire du théâtre des
» Arts, d'y admettre tous les véritables com—
» positeurs, et non pas de jeunes aspirans qui

» doivent auparavant donner des garanties et des
» preuves » (1).

Vous êtes UN MONSTRE , lui réplique Sarrette. « *Vous avez attaqué tout le Conservatoire.*
» Vous êtes cause que l'opinion publique a
» appliqué vos réflexions à *Catel ,* l'un de ses
» membres . . . . . . *La lettre à Guillard* a faus-
» sement supposé qu'on voulait établir au théâtre
» des Arts un simple opéra de genre et l'Opéra
» Italien. — Il est vrai que j'ai mis au grand
» jour le projet désastreux de détruire l'ancien
» répertoire des tragédies lyriques , pour y
» substituer des opéras d'un genre plus facile à
» exécuter par les voix et les moyens des
» nouveaux débutans .. De quel droit venez-
» vous, citoyen Sarrette, vous mettre en avant
» aujourd'hui au nom du Conservatoire, pour
» me reprocher ce que j'ai publié il y a 8
» mois dans ma *lettre à Guillard ?*... —
» Vous attaquez le Conservatoire ! — En quoi,
» s'il vous plait, l'attaqué-je, puisqu'en m'op-
» posant à ce projet destructeur , je n'ai cité
» que des faits notoires et avérés , et que je n'ai

---

(1) Obligé, pour plus de clarté, d'employer la forme
du dialogue, je ne garantis pas la fidélité littérale des
expressions , mais bien la fidélité des *choses.*

» signalé aucun individu ?... Vous voulez,
» Sarrette, faire prendre le change, et de votre
» cause en faire la cause générale... Pourquoi
» prenez vous aussi chaudement le parti de
» l'auteur de ce projet ? Il ne vous est donc
» pas étranger?... — Lesueur, vous aurez à
» vous reprocher d'avoir encouru la haine de tous
» les professeurs du Conservatoire.... — Je
» suis sûr d'avoir mérité leur estime.... —
» Je vois bien qu'il faut se brouiller avec Lesueur;
» qu'il n'y a point de raccommodement à espérer
» entre lui et ses confrères les inspecteurs...—
» J'ai prouvé par ma conduite depuis 8 mois, que
» même la protestation qu'ils ont signée contre
» moi, en frimaire dernier, ne m'a point aigri
» contr'eux ; je suis constamment resté avec
» mes collègues, dans les bornes de la bien-
» séance et de la mesure la plus sévère....
» Leurs torts, s'ils en ont, ne sont point parvenus
» jusqu'à moi. S'ils ont eu l'intention de me
» faire du mal, je ne l'ai point senti. Ainsi, que
» tout en reste là. Faisons chacun notre devoir
» avec calme et sans avoir aucune division,
» comme il s'est fait jusqu'à ce jour... »

Cette scène déplorable se passait en présence
de trois inspecteurs. L'un deux gardait un profond

silence. Un autre défendait faiblement le citoyen Sarrette ; mais *l'inspecteur adoptif* le soutenait constamment et avec courage. « *La lettre à* » *Guillard*, disait-il, *a décidé la désorgani-* » *sation et la chûte du Conservatoire.* »

Le citoyen Sarrette, déconcerté par la contenance inébranlable de Lesueur, et voyant qu'il ne pouvait réussir à opérer une division, sort lui-même *hors des gonds*. Il lui reproche sa lettre au Premier Consul, comme étant..... (Heureusement les inspecteurs l'arrêtent.) Il s'étend en invectives atroces, en qualifications dégoûtantes. Il le traite D'HOMME FAUX, DE BROUILLON, DE SCÉLÉRAT, DE MISÉRABLE. A ce torrent d'infamies, Lesueur répondit en peu de mots : « tu cesseras peut-être » ton habitude de dire, non pas ce que tu penses, » non pas ce dont tu es persuadé, mais ce qui » peut nuire ? Car si tu croyais pouvoir avec » fruit accuser quelqu'un d'être un honnête » homme, tu le ferais ».

Enfin, Lesueur, après avoir observé que les inspecteurs n'étaient point dans une salle de gladiateurs ; mais dans un comité d'enseignement, insista avec force pour que l'on mît un terme à cette scène scandaleuse, et sur le champ *l'ins-*

pecteur adoptif reprit encore son refrain favori :
« *La lettre à Guillard a décidé la désorga-*
» *nisation et la chûte du Conservatoire* ».

En sortant du comité, Lesueur repasse dans
l'amertume de son âme, tous les détails de
cette déplorable lutte. « Cet homme, se dit-il
» enfin à lui-même, a de sinistres projets.
» Il a compromis il y a 8 mois, les inspecteurs,
» par des signatures indiscrètes. Il veut aujour-
» d'hui compromettre tout le Conservatoire ».
Pour la première fois, Lesueur avait bien jugé
son implacable adversaire.

Le citoyen Sarrette avait en effet, comme je
l'ai déja dit, préparé la grande attaque pour
l'assemblée générale. Afin de motiver la convocation extraordinaire de cette assemblée, il
avait imaginé un incident théâtral, qui aurait
fait honneur au génie du *Tartuffe* de Molière :
« je suis, s'est-il dit, *le Fondateur* du Con-
» servatoire, *le respectable père, le père nour-*
» *ricier,* de tous ses membres (1). On m'a
» décerné un monument. Eh bien ! feignons de
» *donner notre démission !* .. Un crèpe funèbre
» va couvrir les murs du Conservatoire. Un

-----

(1) Expressions des adulateurs et des satellites de
Sarrette.

» deuil général va être proclamé. — *Sarrette*
» *donne sa démission , grand Dieu! qu'allons-*
» *nous devenir! le Conservatoire est perdu!...*
» *Quel est donc le misérable qui attire sur nous*
» *une si grande calamité!... — C'est Lesueur*
» *avec sa* lettre à Guillard!... *C'est lui qui*
» *veut anéantir le Conservatoire! Le citoyen*
» *Sarrette ne survivra point à l'établissement*
» *qu'il a créé. Il aime mieux donner sa dé-*
» *mission!...* »

Cette idée d'une démission fictive , sourit au génie inventif du citoyen Sarrette. Il appelle ceux des inspecteurs qui lui sont dévoués. Il n'oublie pas , sur-tout , ses deux inséparables acolytes , *Catel* et *Vinit*. Il leur fait part de son plan tragi-comique. « Bravo ! Cela est » excellent ! » Le jour de l'assemblée générale est indiquée , les orateurs sont désignés , les rôles sont distribués , la marche de la délibération est tracée ; les arrêtés sont fabriqués d'avance. Il n'y a plus qu'a exécuter.

L'assemblée générale avait été indiquée pour le 29 prairial ; mais il avait été convenu que le citoyen Sarrette se présenterait la veille dans le comité des inspecteurs. Il y parait , en effet , la figure composée et l'air abattu. Après y avoir prononcé d'un ton onctueux et benin , un petit discours bien perfide , il termine en déclarant aux inspecteurs , qu'il a donné sa démission. Puis s'adressant au doyen des inspecteurs ; « vous » avez maintenant à vous réunir en comité » d'administration et à vous nommer un pré- » sident. » Il se retire.

Le doyen qui avait reçu sa leçon, propose aux inspecteurs de convoquer extraordinairement, au lendemain , une assemblée générale, pour annoncer aux membres du Conservatoire, cette *désastreuse* nouvelle. Pas une réclamation ne s'élève contre cette mesure. Les inspecteurs signent l'arrété de convocation. Lesueur balance un moment ; mais réfléchissant qu'il est l'objet secret de cette mesure et que le citoyen Sarrette n'est pas plus à redouter en assemblée générale , qu'il ne l'a été en comité , il signe comme ses collègues.

On avait eu la précaution de ne point con- voquer l'assemblée générale dans le local ordi- naire de ses séances ; mais dans une salle qui avoisine l'appartement du *démissionnaire* Sar- rette, et cela parce qu'il ne devait point pa- raître à cette assemblée, et parce qu'il était ja- loux de voir par ses yeux, comment tous ses fidèles *compères* s'acquitteraient de leur rôle.

L'assemblée générale s'ouvre. Elle est présidée

par le doyen des inspecteurs , qui débute par une espèce de discours , dans lequel il essaie d'appitoyer l'auditoire sur le *respectable père nourricier Sarrette , sur sa fatale démission.*

Après le discours d'ouverture , on lit toute la *lettre à M. Paësiello ,* et parce qu'on trouve des personnalités contre le citoyen Sarrette dans cette brochure , on en tire la conséquence qu'il existe un parti qui veut anéantir le Conservatoire. « C'est la *lettre à Guillard ,* qui a enfanté » la lettre *à M. Paësiello.* Ce sont les mêmes » idées , les mêmes principes et les mêmes assertions. » Bientôt un cri général s'élève : « Sans » le citoyen Sarrette , il n'y a plus de Conser- » vatoire ! Lesueur force Sarrette à donner sa » démission ; il faut au contraire que Lesueur » soit forcé de donner la sienne ! signons tous » et redemandons Sarrette à l'autorité ! » Cette proposition est arrêtée. Les signatures pleuvent , et Sarrette qui écoutait bien attentivement derrière une porte entre – baillée , se frotte les mains et dit tout bas : « Bon ! je conserverai » ma place ! »

L'intrépide *Vinit* donne ensuite lecture d'une lettre du citoyen Janson , professeur au Conservatoire , imprimée dans plusieurs journaux , et dans laquelle le citoyen Janson avait voulu prouver à l'auteur de la *lettre à M. Paësiello*, que tout le Conservatoire n'était pas, comme on l'avait dit dans cette brochure, subjugué par le citoyen Sarrette. Il citait à l'appui le refus formel que lui et plusieurs de ses collègues avaient fait de signer un monument en faveur du cit. Sarrette. « Il n'y a qu'un scélérat, s'écrie l'un » des orateurs *compères*, qui ait pu dévoiler « publiquement pareille chose ! Ceux qui ne veu- » lent pas *du pain du Conservatoire* n'ont qu'à en » sortir et n'en plus manger » ! Magnifique et sublime mouvement oratoire ! ... Figure éloquente et noble !.... Le cit. Rey, chef d'orchestre à l'Opéra, et professeur au Conservatoire, répond au véhément orateur : « Si le citoyen Janson *est un scé-* » *lérat* pour n'avoir pas signé le monument » du citoyen Sarrette, je réclame aussi un brevet » de *scélératesse ;* car j'ai déclaré que je ne si » gnerais de monument qu'en l'honneur des » grands hommes ». La discussion s'échauffait ; Catel y prenait une part très-animée. C'est sur ces entrefaites qu'il quitte sa place pour aller déposer sur le bureau le journal dans lequel la lettre de Janson était consignée. Cachant sa figure avec son mouchoir pour n'être pas remarqué d'une partie de l'assemblée, mais fixant Lesueur *d'un œil tigre* et la rage étouffant sa voix, il

l'apostrophe, en traversant l'assemblée, d'un *ô
le S.... coquin !!!*

Heureusement un autre orateur *compère* plus adroit a la bénignité d'avouer *qu'on s'est trop pressé de signer dans un premier mouvement un monument en l'honneur de Sarrette ; qu'il faut laisser-là cette affaire, et s'occuper de la désastreuse démission.*

Le secrétaire du Conservatoire, l'ancien collègue et l'inséparable ami du citoyen Sarrette, aussi complettement ignorant que lui dans l'art musical ; en un mot le citoyen *Vinit* prend de sa place arbitrairement la parole pour retomber sur la *lettre à Guillard :* « Lesueur, s'écrie-t-il, » rend dans un endroit de cette lettre justice aux » talens des inspecteurs ses collègues ; mais dans » d'autres il les ravale ». Lesueur somme vivement cet audacieux imposteur de prouver son assertion. *Vinit* se contente de lui répondre qu'il en donnera la preuve. Ce fut à cette occasion que Lesueur lui dit : « Je te répéterai ce que j'ai » dit à Sarrette. Si tu croyais pouvoir avec fruit » accuser quelqu'un d'être un honnête homme, » tu le ferais »! Catel saisissant cette expression, répondit en pleine assemblée à Lesueur : « *on ne vous fera pas cette accusation* »!

Je vous tairai, citoyen conseiller d'état, la

suite de cette honteuse discussion. Vous saurez seulement que le doyen d'âge qui présidait l'assemblée, n'a pas même eu l'idée d'interrompre une seule fois ces révoltans débats. Ce n'est qu'après avoir laissé épuiser sur Lesueur jusqu'à la dernière goûte du fiel dont regorgeaient les *compères* du citoyen Sarrette, qu'il a proposé la formation d'une commission de vingt-un membres, créée *ostensiblement* pour répondre *à la lettre à M. Paësiello*, mais *secrètement* et dans la réalité pour dresser l'acte d'accusation de Lesueur. La liste des vingt-un commissaires était rédigée d'avance. Le président la communiqua d'office à l'assemblée. Il est bien entendu qu'elle y fut adopté *de plano*, et que dans cette liste figurèrent les amis dévoués du citoyen Sarrette, et les ennemis prononcés de Lesueur.

Le lendemain de cette assemblée, Lesueur traverse la cour du Conservatoire pour se rendre à ses fonctions. Les élèves, qui jusqu'alors avaient été dans l'usage de le saluer, gardent leur chapeau sur la tête. Lesueur entre dans le bureau des classes : il y est accueilli par les murmures de *ô le coquin ! ô le scélérat !* Il se retire chez lui. Le sur-lendemain une bande de forcenés vient encore à sa porte aboyer : « *Ah ! le coquin* » *de Lesueur ! ah ! le scélérat ! qui est cause de*

» *la démission de Sarrette , qui veut renverser*
» *le Conservatoire! Il sera bien obligé de don-*
» *ner lui-même sa démission , et de ne plus*
» *manger le PAIN DE SARRETTE! etc. etc.* »
Ces sales apostrophes sont entremêlées du chant
du *Veni creator,* par allusion sardonique à la
musique religieuse de Lesueur, etc. etc.

Vous concevez, citoyen conseiller d'état, que
pour Lesueur, le poste de chef de l'enseignement
n'était plus tenable au Conservatoire. Il a réclamé
anprès de votre prédécesseur la permission d'y
suspendre l'exercice de ses fonctions , jusqu'à ce
qu'il ait produit sa justification. Ce magistrat a
eu la bonté de la lui accorder. Lesueur croyait
pouvoir présenter sa défense dans le mois; mais
la difficulté de rassembler tous ses matériaux ;
la nécessité où je me suis trouvé, quand j'ai eu
pris connaissance de son travail, de le refaire
moi-même en entier , l'obligation de concilier
mes travaux ordinaires avec une tâche aussi immense que laborieuse ; voilà , citoyen conseiller
d'état , une partie des raisons qui ont retardé
jusqu'à ce jour la publicité de ce mémoire.

Ce retard forcé tient encore à une autre cause.
Dans le cours de mon travail , le *fameux recueil
de pièces* a été publié , et je me suis trouvé dans
la nécessité d'y répondre.

Ne voyant point arriver, à l'époque indiquée, la justification de mon ami, le magistrat que vous remplacez a cru devoir suspendre le paiement de ses appointemens. Lesueur n'en a point murmuré, bien qu'il n'ait que son traitement pour subvenir à son existence et à celle de sa famille. Votre justice, citoyen conseiller d'état, le soutient. Il est sûr d'y trouver autant la réparation des sacrifices qu'on lui fait subir, que celle des persécutions atroces dont il est la victime.

Maintenant, citoyen conseiller d'état, que vous en connaissez la longue et hideuse nomenclature, je dois répondre aux misérables et puériles accusations dont le citoyen Sarrette se prévaut pour colorer sa haine et ses persécutions (1).

---

(1) Ne serais-je pas en droit de ranger encore, dans la nomenclature des persécutions suscitées par le citoyen Sarrette, l'insolente proposition qu'il a faite dernièrement par l'organe du secrétaire Vinit. « Que Lesueur, » pour terminer tous débats, donne sa démission, » et le citoyen Sarrette s'engage à le faire nommer » membre de l'un des Lycées qui va se former, et à » lui assurer le même traitement ». Il est donc bien puissant, le citoyen Sarrette, s'il a ainsi tous les emplois à sa disposition ! Eh bien ! qu'il destine à ses

§. I V.

Prétendues accusations dirigées contre Lesueur.

Quand j'ai vu Lesueur en butte à tant de méchancetés, je me suis dit cent fois : « mais de quoi
» donc est-il accusé ? Y a-t-il des faits positifs ?
» Quels sont-ils ? » Je faisais des questions à Lesueur. Je les faisais à divers membres du Conservatoire ; je les faisais à tout ce qui m'entoure.
On me répondait toujours : « Je n'en sais rien. On
» parle de la *lettre à Guillard.* On dit que cette
» lettre attaque le Conservatoire ». Je l'avais lue
bien attentivement dans le tems de sa publicité ;
et la seule impression qui m'en était restée, avait
été que Lesueur, tout en réclamant contre des
injustices trop avérées, qui lui étaient personnelles,
avait en même-tems rendu, dans cette brochure,
les services les plus signalés à l'établissement dont
il est membre. Neuf mois après la publicité de
cette brochure, et avant d'entreprendre la défense de mon ami, j'ai voulu la lire et la relire
plusieurs fois. Je déclare donc, dans toute la

---

compères, à ses orateurs et à ses bons amis, les faveurs
de sa toute-puissance ; mais qu'il sache que Lesueur ne
s'avilira jamais!

franchise de mon ame , qu'il m'a été impossible d'y trouver une phrase , un mot, une lettre , qui me parût compromettre, même indirectement, le Conservatoire ; que toute la brochure, au contraire , m'a semblé respirer l'amour de cet établissement , la passion de sa prospérité et de sa gloire.

Me voyant réduit à l'impossibilité de défendre Lesueur, puisque rien de positif n'était articulé contre lui, puisqu'au contraire on lui faisait un crime d'une brochure qui doit lui valoir la reconnaissance et les éloges de tout le Conservatoire , (moins le triumvirat *Sarrette , Catel* et *Vinit;*) j'avoue que je fus bien satisfait lorsque j'appris qu'une commission de vingt-un membres avait été nommée dans l'assemblée générale du 29 prairial. Au moins cette commission va faire des perquisitions et des recherches. Elle va préciser des griefs , et produire des pièces à l'appui. Quelques membres de cette commission s'étaient vantés publiquement qu'*ils avaient au moins vingt lettres de Lesueur , toutes plus terribles les unes que les autres , et qui démontraient que Lesueur était un scélérat et un monstre.* Ils avaient même été jusqu'à prétendre prouver que Lesueur était l'auteur *des libelles anonymes dirigés contre le Conservatoire , et de la lettre à M. Paësiello.* « Tant mieux ! me suis-je dit. Nous

» verrons leurs pièces et leurs preuves. Au moins
» je n'aurai plus la désespérante mission de com-
» battre des fantômes. Je pourrai m'attacher à
» des choses matérielles »;

Cette considération, citoyen conseiller d'état,
me faisait soupirer bien plus encore que le citoyen
Sarrette, après le terrible et fameux rapport de
la *Commission des vingt-un.* Enfin l'assemblée
générale est indiquée au 26 messidor pour entendre
ce rapport. Le rapporteur se présente gravement
au milieu de l'aréopage. Grand silence. C'en est
fait de Lesueur (se disaient *tout bas* quelques amis
tremblans de cet artiste), il va être pulvérisé !....
Quant à moi, je déclare que j'ai beaucoup ri
tout haut de cette grave comédie. J'attendais indubitablement pour *effrayant* résultat de ces
immenses apprêts, le *Ridiculus mus* d'Horace.
Je ne m'étais pas trompé. La commission *en travail* avait en effet *enfanté....* UN RECUEIL DE
PIÈCES ! ! Otez de ce *recueil* les deux lettres
confidentielles du ministre, en date des 4 et 24
frimaire, lettres que je me flatte d'avoir invinciblement réfutées; lettres d'ailleurs étrangères au
Conservatoire; pas une pièce n'est produite contre
Lesueur ! ! !.... Pas un fait n'est articulé ! !
Quelques déclamations calomnieuses, deux ou
trois grosses absurdités choquantes, voilà le grand

acte d'accusation qui doit chasser Lesueur du Conservatoire, et imprimer sur son front une ignominie éternelle !

Le *recueil de pièces* est lu tout entier à l'assemblée générale. Un membre, qui n'était pas dans le secret, voit que l'un des chefs du Conservatoire est nominativement accusé. Il a la simplicité de demander que le *recueil* soit communiqué à Lesueur avant d'être imprimé. « Cela est » inutile, s'écrie le stentor *Vinit*. On a fait une » députation à Lesueur, pour l'engager à s'arranger. Il s'y est refusé. (Mensonge impudent !) » Lesueur, ajoute-t-il, a été chassé de toutes » les églises où il a été maître de musique. Il le » sera du Conservatoire »….. Pas une voix ne s'élève pour répondre au menteur et diffamateur *Vinit*. Que dis-je ! sur plus de quatre-vingt membres présens, un jeune compositeur déja connu avantageusement, un élève de Lesueur, a seul le courage de prendre la parole après la lecture du *recueil*. Il ne balance point à déclarer hautement *qu'il ne voit dans tout cela qu'une querelle particulière entre Lesueur et le citoyen Sarrette, et que le Conservatoire n'est et ne doit être pour rien dans ces débats.*

Estimable jeune homme, vous avez tranché le nœud de l'intrigue. Vous avez d'un seul mot sappé avec autant de justesse que de précision ce lourd et ridicule échaffaudage sur lequel le citoyen Sarrette a laborieusement *hissé* quatre – vingt membres du Conservatoire. Honneur à votre courage et à votre pénétration ! Honneur sur-tout à la pureté de votre ame ! Le *dictateur* Sarrette et ses serviles *licteurs* ont depuis feint très-adroitement d'applaudir à votre conduite. Voulant perdre Lesueur, ils sentaient bien qu'ils auraient servi sa cause, s'ils avaient eu l'indiscrétion d'empoisonner l'hommage touchant que vous rendiez à la reconnaissance. Mais, ne vous y trompez pas. Si le Dictateur triomphe , attendez-vous à trouver dans sa personne un irréconciliable ennemi. Attendez-vous à des contrariétés sans nombre, à des persécutions et à des calomnies. Lesueur fut votre modèle dans l'art musical. Votre noble caractère me garantit qu'il le sera encore dans vos malheurs.

Il est inutile de dire que, malgré l'honorable et sage opposition du jeune élève de Lesueur, le *recueil* de pièces fut adopté sans discussion dans la séance du 26 messidor , que de suite son impression et sa publicité y furent arrêtées.

J'ai déja vigoureusement repoussé une partie des attaques portées à Lesueur dans ce libelle diffamatoire. Il me faut maintenant, citoyen conseiller d'état, aborder celles des accusations de ce libelle que j'ai laissées sans réponse. J'aborderai également une autre accusation bien plus sérieuse que le citoyen Sarrette a verbalement adressée à votre prédécesseur, et qui paraît avoir fait sur lui une sorte d'impression : je veux parler du reproche d'*insubordination* fait à Lesueur. Je prendrai donc chaque chef d'accusation l'un après l'autre, et j'ose déclarer d'avance qu'ils tourneront tous à la confusion et à la honte de l'accusateur (1).

Ier. CHEF D'ACCUSATION.

« ON ne peut se dissimuler, dit l'auteur du
» recueil, page 23, que la lettre à Guillard n'ait
» été le signal de la discorde, et n'ait donné lieu
» à tous les libelles qui ont paru depuis sous le
» titre du *Russe à l'opéra*, de *la Fantasma-*

----

(1) Il est bon de savoir que, dans cette assemblée du 26 messidor, on n'osa point accuser Lesueur d'être l'auteur de la *lettre à M. Paësiello*, ni des libelles qui ont paru avant et depuis sa publicité. La vérité est que la Commission, malgré ses recherches, a reconnu que tous ces écrits anonymes étaient étrangers à Lesueur, qui, depuis qu'il est au monde, n'a jamais rien écrit ni fait imprimer qu'il n'ait avoué par sa signature.

» *gorie des Menus,* de *la lettre à M. Paësiello,*
» ainsi qu'à une infinité d'articles insérés dans les
» journaux, *et dont le sens se trouve dans la*
» *brochure du citoyen Lesueur* ».

Voilà l'un des griefs articulés contre Lesueur ;
et l'on en tire la conséquence que Lesueur a,
dans sa brochure, *cherché à détruire le Con-*
servatoire.

Mais d'abord je demande à l'honnête et impartial rédacteur du *recueil,* quels sont les passages
de la *Lettre à Guillard,* dans lesquels, suivant
lui, *se trouve renfermé le sens des divers libelles*
imprimés contre le Conservatoire. M. le rédacteur, il ne suffit point d'émettre une assertion. Il
FAUT LA PROUVER. Nous sommes en champ clos et
corps à corps. Citez vos fragmens de *la lettre à*
Guillard ; citez vos fragmens des libelles ; faites-
en les rapprochemens, et démontrez cette prétendue parité de sens et d'intentions. Alors l'opinion et l'autorité nous jugeront..... Mais quoi !
votre recueil ne contient aucune citation ni de
la lettre à Guillard, ni des libelles ; il ne contient aucun rapprochement, et vous avez l'intré-
pidité d'imprimer que *la lettre à Guillard* est le
protocole de tous les libelles anonymes vomis
contre le Conservatoire ! Citez, vous dis-je, des
passages homogènes, ou bien je grave sur votre

front et sur votre œuvre le sceau de la calomnie.

Je vais vous en citer, moi, des passages de *la lettre à Guillard*, de cette lettre qui, suivant vous, attaque et renverse le Conservatoire. Des quatre-vingt signataires du *recueil*, il n'en est peut-être pas dix qui aient lu cette brochure. C'est sur la foi du véridique Sarrette ; c'est sur l'impudente assertion de ses adhérens, qu'une foule de membres *terrifiés* ont servilement apposé leur signature au pied du *recueil*. L'étonnement et l'indignation vont les saisir, quand pour la première fois ils apprendront, dans ce mémoire, ce que Lesueur a imprimé sur le Conservatoire.

Dans l'avertissement qui précède *la lettre à Guillard*, je lis, page 12, ce qui suit :

« Les bons élèves chanteurs, les bons élèves
» symphonistes, les bons élèves de déclamation
» lyrique, qui, au Conservatoire, sont dans les
» mains des maîtres les plus habiles peuvent gran-
» dement donner cette espérance (*celle de secon-*
» *der les acteurs qui honorent aujourd'hui le*
» *théâtre des arts ;*) et c'est alors que cet inté-
» ressant établissement pourra donner des preuves
» brillantes de son extrême utilité pour concourir
» à la gloire des arts en France... Mais (au lieu
« de déprimer si vîte des acteurs qu'on sera encore
» très-heureux de posséder, jusqu'à ce qu'on vienne

» à bout de les bien faire seconder), il faut
» former des chanteurs à-la-fois acteurs lyriques,
» qui aient étudié non l'acoustique d'un boudoir,
» mais bien celui du temple de la tragédie
» lyrique. J'en sais à l'opéra, qui pour les talens
» scéniques , doivent long-tems encore leur
» servir de modèle ».

A la note de la page 13 (*ibid.*) je lis : « Puissent
» les élèves du Conservatoire, puisse ce brillant
» espoir de l'école française , acquérir un jour la
» réputation que ceux-ci se sont acquise ! L'en-
» seignement y est des mieux suivis, l'administra-
» tion des plus actives. Les premiers maîtres en
» musique et en déclamation y donnent chaque
» jour les preuves du plus grand zèle...Espérons ».
Voilà les diatribes de Lesueur sur le Conservatoire !....

La première et la seconde *partie* de la *lettre
à Guillard* , sont uniquement consacrées au
programme et à l'analyse du poëme de la *Mort
d'Adam.* Ils sont , à mon avis, un modèle de poésie,
de chaleur et d'enthousiasme, je dirais presque de
diction , à quelques légères taches près. Nulle
part il n'y est question du Conservatoire.

La troisième *partie* est complettement muette
sur le Conservatoire. Lesueur y parle des persécutions qu'il a essuyées à Notre-Dame ; il s'élève

contre les *protecteurs* et les *protégés* qui assié-
gent les administrations pour envahir les tours de
mise acquis à des maîtres éprouvés.

Dans la quatrième *partie*, Lesueur a eu la maladresse de parler des artistes vivans et connus. Il
n'a pu les placer tous sur la même ligne ; et dans
l'impossibilité de les nommer tous ensemble , il a
bien fallu qu'il les nommât les uns après les autres.
De-là de nouveaux ennemis. Quelques artistes ont
pu voir une sorte de classification dans ce qui
n'était que la disposition d'une nomenclature
ordinaire. Lesueur ne sait pas que , sur-tout dans
les beaux-arts , l'homme le plus médiocre a la
prétention de monter au premier rang ; que *Cha-*
pelain a cru de bonne-foi avoir éclipsé le *Tasse*
et l'immortel *Homère.* Il ne sait pas, enfin ,
qu'une critique franche et ferme irrite moins
l'amour-propre qu'un éloge mal-adroit. Mais enfin,
tout en parlant dans cette quatrième *partie,* des
artistes vivans, et qui ont fait leurs preuves, il
est constant qu'il n'en a déprimé aucun; que la
crainte même de nuire à qui que ce soit, l'a
peut-être déterminé à porter l'éloge au-delà de
ses justes limites, tant était loin de sa pensée
l'insensé projet d'attaquer le Conservatoire !

Dans la cinquième partie de la *lettre à Guillard,*
Lesueur enflammé par l'envie d'améliorer et de

perfectionner l'établissement dont il est membre,
développe la nécessité d'y fonder, sans rien diminuer, d'ailleurs, à l'organisation actuelle (1),
quatre à cinq chaires pour des professeurs de
littérature qui seraient choisis dans l'Institut
national de France. C'est une excellente idée
que cette association de la littérature à l'art musical ! Hymen sublime qui doit reproduire dans
la langue française, les chefs-d'œuvres immortels
des Sophocle et des Euripide ! daignez, je
vous en conjure, citoyen conseiller d'état, relire
avec attention cette cinquième *partie* de la *lettre
à Guillard*, depuis la page 60 jusqu'à la page
86. Lisez, sur-tout, à la page 67, la savante
note de Lesueur, sur l'amélioration qu'il réclame.
Je m'abuse bien grossièrement, ou vous con-
viendrez, avec moi, que toute cette partie de
la *lettre à Guillard*, est le plus pur et le plus
glorieux hommage rendu au Conservatoire. Oui,
vous y verrez la pierre angulaire de son affermissement, de sa perfection, et de sa prospérité. Eh quoi ! demander avec autant de persuasion
que d'éloquence, que le talent trop fugitif du

____

(1) La page 80 de la *Lettre à Guillard*, respire encore la crainte de nuire à qui que ce soit du Conservatoire.

musicien s'allie au talent plus durable et plus solide du littérateur ; attacher la gloire de la musique à la gloire de la littérature, vouloir identifier *Gluck* à *Corneille*, *Sacchini* à *Racine*, est-ce là méditer le renversement du Conservatoire ?... Hommes aveugles et asservis, qui avez signé le *Recueuil* de pièces, non, vous n'avez pas lu la *lettre à Guillard*. Si vous l'eussiez connue, loin de signer un libelle contre son auteur, vous lui eussiez voté par acclamation des remercîmens et des éloges. Vous n'avez donc pas senti pourquoi le citoyen Sarrette a constamment repoussé du Conservatoire, les professeurs de littérature, et pourquoi, sur-tout, il ne pardonne point à Lesueur, l'idée de cette amélioration ? Ce n'est point parce qu'il voyait dans cette mesure le renversement du Conservatoire ; mais bien plutôt l'anéantissement de sa dictature. Il en est convenu plusieurs fois, lui-même, dans divers comités des inspecteurs. Il en convenait encore, il y a cinq à six mois, dans une assemblée générale, lorsqu'il y disait, que les *gens de lettres domineraient dans le Conservatoire ; qu'ils y auraient seuls tout accès auprès de l'autorité.* Et quatre vingts artistes ont pu être la dupe de pareilles jongleries ! !....

Le citoyen Sarrette avait plusieurs fois re-

proché à Lesueur , non pas dans *le Recueil*
(le mensonge eût été trop grossier), mais verbalement et dans le public , que la *lettre à
Guillard* provoquait le rétablissement des maîtrises de chapelle sur les ruines du Conservatoire.
La cinquième partie de la *lettre à Guillard ,*
me fournit encore les moyens d'anéantir cette
imputation. Voici le seul endroit de la *lettre
à Guillard ,* où , à l'occasion des chaires de
littérature, Lesueur parle des anciennes maîtrises,
page 68 et suivantes.

« La nouvelle éducation des musiciens dans
» le Conservatoire, a certes, pour la partie mu-
» sicale, remplacé au centuple, dans Paris , l'é-
» ducation qu'ils recevaient dans les églises ;
» mais les églises de Paris; mais toutes les ca-
» thédrales de France , donnaient aux jeunes
» musiciens, outre des maîtres de musique ,
» des maîtres de grammaire , de langues an-
» ciennes et de poësie; et l'étude de la *langue
» parlée ,* marchait de front avec celle de *la
» langue chantée ;* persuadé qu'on était que
» pour bien chanter une langue , il faut savoir
» la parler comme le poëte, comme le gram-
» mairien et comme le rétheur; et cette persua-
» sion ne me semble pas aussi déraisonnable ,
» qu'on voudrait le faire croire... Au reste j'en

» partagerais la honte avec Gluk, qui avait la
» bonhommie de tenir à cette persuasion et d'en
» parler sans cesse. Cette partie de l'éducation
» que je crois nécessaire à l'élève qui se destine à
» la composition ou à l'exécution de la musique
» vocale et dramatique, manque encore *à un*
» *Conservatoire qui peut devenir le premier*
» *de l'Europe*... Si ce vœu s'exauçait, ce
» serait alors que l'on pourrait espérer de for-
» mer des élèves de composition musicale, qui
» en parvenant à reculer les bornes de l'art,
» aggrandiraient peut-être en France cette por-
» tion de la gloire nationale. Qui sait même s'ils
» n'iraient pas jusqu'à ressusciter les miracles,
» que l'Antiquité attribue à la musique ?... etc...

Enfin le citoyen Sarrette, cet infatigable champion de la musique à fracas, qu'il a long-tems
décorée du beau nom d'*école Allemande, l'anti-*
mélodiste Sarrette, tant de fois combattu par
Lesueur, sur sa bruyante doctrine, s'était ap-
perçu, comme je l'ai déjà dit, que l'opinion et
le Gouvernement penchaient pour la mélodie.
Soudain, mon rusé caméléon, avait abjuré ses
trombonnes et ses *buccins ;* et il s'en était allé,
criant chez les autorités, que depuis plusieurs
années il *cherchait à italianiser le Conservatoire,*
pour y introduire le goût de la mélodie; mais que

*Lesueur renversait tous ses projets, en voulant
y appeler de vieux chantres de cathédrale,
et en ravalant l'école Italienne dans la lettre
à Guillard*, etc. etc. Il est à remarquer que
depuis l'organisation du Conservatoire, Lesueur
n'avait cessé de dire qu'il n'y avait point assez
de maîtres de chant ; qu'il fallait y rappeler
le citoyen *Laïs*, qu'il fallait y recevoir les citoyens *Martin et Solié* sans concours (1) ; qu'il

---

(1) Le *recueil* contient, à l'occasion de ces deux artistes, deux pièces. L'une est une lettre du citoyen *Solié*,
qui dément l'imputation faite au citoyen Sarrette *de
l'avoir éloigné du Conservatoire* ; mais cette lettre ne
dit pas que si l'on avait admis *sans concours* le citoyen
Solié, comme on l'avait fait envers d'autres artistes,
et comme le demandait Lesueur, le citoyen *Solié* n'aurait pas accepté. La seconde pièce est relative au citoyen
Martin. Je sais qu'on lui avait, avant son voyage dans
les départemens, demandé une déclaration semblable à
celle du citoyen *Solié* ; et qu'il l'avait constamment re-
fusée. Que fait-on ? on profite adroitement de la circonstance de son absence, pour donner à croire qu'il
est impossible d'avoir son attestation ; et on la remplace
par la déclaration de deux membres du Conservatoire,
qui se créent ainsi des pièces à eux-mêmes. Cette *sin-
gulière déclaration* ne dit pas, d'ailleurs, plus que la
lettre du citoyen *Solié*, que le citoyen *Martin* n'aurait
pas accepté la place, si on la lui avait offerte sans concours.

fallait destiner au Conservatoire une place de chant à un chanteur italien ; que Lesueur pressa plusieurs fois l'artiste *Lazarini* de la solliciter lui-même auprès de l'autorité. *Laïs , Martin, Solié* et *Lazarini ,* voilà *les vieux chantres de cathédrale ,* que Lesueur voulait introduire dans le Conservatoire ! . . . . . Le citoyen Sarrette savait très-bien tout cela. Que penser maintenant de cet homme, lorsqu'on le voit accuser Lesueur d'être, dans *la lettre à Guillard,* l'ennemi *du bon goût* et de l'*école Italienne* !.... Puisque j'analyse ici la cinquième partie de *la lettre à Guillard ,* transcrivons-en le seul passage qui soit relatif à l'*école Italienne ,* page 86 et 87.

« L'école Italienne ! s'écrie Lesueur, l'école
» Italienne !... Gluk lui-même a le plus souvent
» écrit ses tragédies si fortemeut dramatiques ,
» avec l'ordre et l'attrait de cette école... L'é-
» cole Italienne !... Elle répandra sa mélodie ,
» son charme irrésistible, son attrait tout-puis-
» sant sur le nerf et l'énergie des musiques *al-*
» *lemandes ,* sur la majesté solemnelle des mor-
» ceaux d'ensemble *français...* L'école Italienne !
» des trois écoles, elle n'en fera qu'une, peut-
» être la plus étonnante qui ait jamais existé.... Et
» s'il se trouvait dans l'État, de nouveaux *Mé-*
» *cènes ,* s'il se trouvait un nouvel *Auguste ,*

» qui connût tout le prix de l'école Italienne, sus-
» ceptible d'être un jour ainsi modifiée par les Fran-
» çais , qui aimât cette *mère et magnifique école*
» comme *Auguste* aimait la poësie mélodieuse
» de *Virgile* ; je répondrais par cela même.......
» Qu'à son influence, l'émulation des jeunes
» compositeurs se réveillerait d'autant plus, que
» le sol des Héros, que la terre des *Francs*, fut
» aussi la terre qui répondit la première aux
» accens du *Barde antique*, tant admiré dans
» l'Occident, lorsqu'il chantait leur gloire.... Il
» naîtra peut-être le plus grand des siècles !....
» Les sciences, les arts et les lettres l'attendent....»

Voilà , citoyen conseiller-d'état , dans quels
termes Lesueur a ravalé l'école Italienne ; dans
quels termes il a cherché à détruire le Conservatoire !...... Je pourrais vous citer d'autres passages de la *lettre à Guillard* ; mais elle est
sous vos yeux. Je le répète encore ; daignez la
lire tout entière. Par-tout vous y trouverez
l'homme passionnément épris de son art ; le français dévoré du besoin de voir sa patrie devenir
dans l'art musical, la première nation du monde.
Vous y trouverez enfin l'artiste qui place essentiellement se prédilection et sa complaisance dans
le Conservatoire de Paris , comme pouvant seul
réaliser en France ces grandes vues de perfec-

tionnement et de gloire, dont il brûle d'environner l'art musical (1).

J'entends d'ici le citoyen Sarrette et le rédacteur de son *recueil*, vaincus par la *lettre à Guillard*, convenir qu'à la vérité Lesueur n'y a point attaqué *directement* le Conservatoire ; mais, diront-ils, il lui a porté des attaques *indirectes*, qui, suivant eux, sont beaucoup plus perfides et plus dangereuses. Ecoutons en effet le rédacteur du recueil, page 26 :

« Quand les ennemis du Conservatoire ont vu
» un inspecteur de l'enseignement, *attaquer*,
» non pas nominativement, mais d'une manière
» *indirecte* et cependant assez claire pour lever
» tous les doutes, le DIRECTEUR MÊME *de*
» *l'établissement et* L'UN DES PROFESSEURS,
» sous prétexte que des intrigues multipliées,
» empêchaient la mise au théâtre de la *Mort*
» *d'Adam ;* ils ont redoublé d'audace ; ils ont
» déclamé contre les productions du Conserva-
» toire, contre son administrateur, contre tous
» les professeurs ; *ils ont été jusqu'à peindre*
» *l'institution comme dangereuse pour les*

____

(1) Le reste de la cinquième *partie de la lettre à Guillard*, et toute la sixième, sont étrangers au Conservatoire.

» *mœurs ; ils n'ont rien négligé enfin pour*
» *amener la dissolution favorable à leurs*
» *projets* ».

Il est bien précieux, ce maladroit aveu du *bon rédacteur*. Toute la tactique du citoyen Sarrette est éventée dans cet *impayable* passage du recueil. Tout le secret des persécutions ourdies contre Lesueur, est révélé. Quoi ! Lesueur en attaquant *indirectement*, dans *sa lettre à Guillard*, le citoyen SARRETTE et le citoyen CA-TEL, a provoqué sur le Conservatoire la qualification *d'institution dangereuse pour les mœurs !...* Il a tout fait *pour amener la dissolution de cet établissement!....* Demandons maintenant au *bon rédacteur*, quel sera *le danger pour les mœurs*, quand on attaquera *indirectement* le citoyen *Sarrette* et le citoyen *Catel ; le pauvre rédacteur* ne saura que répondre. Demandons-lui également, comment une attaque *indirecte* contre le citoyen *Sarrette* et le citoyen *Catel* peut *amener la dissolution du Conservatoire*, que va-t-il répondre ? Dira-t-il que les quatre-vingts membres du Conservatoire , que cette collection rare de talens éminens, repose toute entière dans les *vastes parois* du cerveau du citoyen Sarrette , et dans *le génie incommensurable* de l'auteur *de Sémiramis ?* oh !

cela serait par trop sardonique. Le rédacteur du *recueil* sait bien prostituer sa plume au *protecteur* Sarrette ; mais il ne lui prostituerait pas sa raison. Autant vaudrait, qu'il prétendît que moi aussi j'attaque le Conservatoire, quand aujourd'hui, je prends au collet le citoyen Sarrette, pour arracher son masque, et le montrer à l'opinion publique *tel qu'il est*. Que va-t-il donc nous répondre, ce *bon rédacteur ?*.... Hélas ! il faudra bien qu'il dise, comme le jeune élève de Lesueur, dans la fameuse assemblée générale du 26 messidor ; *que cette déplorable discussion n'est qu'une querelle particulière, entre Lesueur et le citoyen Sarrette, qui prend le masque imposant du Conservatoire, pour mieux cacher sa haine et affiler son poignard.*

IIe. CHEF D'ACCUSATION.

« Il n'est que trop vrai, dit le rédacteur *du*
» *recueil,* que (dans la *lettre à Guillard*) Le-
» sueur, membre d'un jury qui avait été nommé
» par le Ministre de l'intérieur, le 27 ventose
» an 8, a divulgué ce qui s'y était passé,
» *malgré le serment fait par tous les jurés de*
» *ne rien révéler des opérations relatives à la*
» *réduction du nombre des professeurs ;* réduc-
» tion ordonnée par le Gouvernement pour des
» raisons d'économie ».

Ici je suis forcé, citoyen conseiller d'état, de prendre un ton plus sérieux. Lesueur est accusé dans un écrit public d'avoir *violé son serment*; il est accusé *d'être faussaire*. Je retiens difficilement l'indignation qui m'anime contre l'écrivain sans pudeur et assez audacieux pour se permettre d'imprimer une semblable diffamation.

Voici le fait :

Le citoyen Desvignes, qu'on s'est bien gardé de nommer parce qu'on rougit aujourd'hui de l'iniquité commise à son égard (1); cet artiste à la fleur de l'âge et du talent, avait été avant la révolution maître de musique de l'église de Chartres, et il était sur le point de succéder à Lesueur dans la métropole de Paris, lorsque le chapitre de Notre-Dame fut supprimé. Après la formation du Conservatoire, il obtint, dans un concours et à l'unanimité, une place de professeur de solfége. Sa modestie, sa douceur et son assiduité lui avaient acquis, dans ce nouveau poste, l'estime et l'amitié de tous ses collègues. Le Gouvernement ordonne la réduction, par un jury, du nombre des professeurs. Tous les jurés s'accordaient à conserver le citoyen Desvignes,

____

(1) Le rédacteur du *Recueil*, en parlant de cet artiste dans la note de la page 26, le désigne sous la lettre majuscule C***, et cela veut dire *citoyen Desvignes !.....*

parce qu'il avait un talent éprouvé dans un concours, et parce qu'il était aimé. Le citoyen *Vinit*, secrétaire du Conservatoire, épaissement ignorant dans l'art musical, et le favori *Catel*, intriguèrent de concert avec leur maître *Sarrette*, pour opérer son éviction, précisément parce que le citoyen Desvignes était l'allié de Lesueur. Celui-ci, dans sa *lettre à Guillard*, eut occasion de se plaindre de cette injustice, et de déclarer que le citoyen Desvignes fut *la victime du babil influent de certaines personnes sans expérience*. C'est cette révélation si simple, et qui depuis long-tems était notoire dans le monde musical, qui vaut aujourd'hui à Lesueur l'infâme qualification de *violateur de son serment !...*

D'abord il est *faux, mille fois faux*, que les jurés appelés pour la réduction *aient prêté un serment*. Ni la loi, ni le Gouvernement ne l'avaient exigé d'eux.

Ensuite les jurés ont bien pu convenir entre eux et verbalement qu'ils tairaient les raisons qui les auraient déterminés à prononcer telle ou telle éviction, et cela pour ne pas se faire d'ennemis et pour ménager les amour-propres ; mais cette convention était nécessairement inapplicable *à des faits notoires*. Il était, en effet, avéré en public, parmi les artistes, que le cit.

Desvignes devait son éviction à l'influence de *Vinit* et de *Catel*. Le rédacteur du *recueil* a la perfidie de déclarer dans son libelle, page 27, *que c'est à Lesueur seul qu'il faut imputer cette révélation; que ce serait faire injure à tous les membres du jury que de supposer qu'ils se soient laissés influencer....* Eh bien! c'est *Catel* et *Vinit* que j'interpelle. Nieront-ils que dans l'assemblée générale du 29 prairial, qui a précédé d'un mois la publication du *recueil*, nieront-ils qu'il se soit élevé des débats sur l'éviction du citoyen Desvignes? Lui *Vinit*, niera-t-il qu'il ait amèrement reproché à Lesueur de s'être plaint de cette éviction? Niera-t-il qu'il se soit vanté dans cette assemblée générale *d'avoir été avec Catel les auteurs du renvoi du* cit. *Desvignes, sous le prétexte que cet artiste était un ignorant* aux yeux du *Pergolèze-Vinit?* Qu'il dise maintenant que les jurés n'ont pas été influencés! Quelle autre preuve et quelle autre notoriété lui faut-il que son propre aveu devant quatre-vingts auditeurs?....

IIIe. Chef d'accusation.

« C'est un artiste (dit le rédacteur *du recueil* » en parlant de Lesueur, page 27) dont la mis-

» sion spéciale est d'encourager les talens nais-
» sans et d'aider à leurs développemens, *qui*
» *dirige tous ses efforts contre les jeunes aspi-*
» *rans,* qu'il devait, aux termes de son contrat,
» soutenir et favoriser !.... »

Ainsi donc, c'est peu de présenter Lesueur comme un *faussaire,* on l'accuse encore d'être transgresseur de ses devoirs et *violateur de son contrat !* d'étouffer par une basse et criminelle envie *les talens des jeunes aspirans !....* Je demande au rédacteur du *recueil,* ce qu'il entend par ces expressions *les jeunes aspirans?* Il a voulū insinuer dans le public que Lesueur *dirigeait tous ses efforts pour étouffer* les élèves chanteurs, les élèves symphonistes, en un mot tous les élèves du Conservatoire. Oui ! c'était-là son perfide objet en se servant en *lettres italiques* de ces mots génériques : *les jeunes aspirans !* Eh quoi ! est-ce que l'encre se dessèche sous sa plume quand il veut tracer la vérité ? Est-ce qu'elle n'a de vertu que pour empreindre des mensonges ?..... Où donc a-t-il trouvé, dans la *lettre à Guillard,* un seul mot qui manifestât la plus légère intention de décourager les *jeunes aspirans?* Pourquoi ne dit-il pas franchement ce qu'on y lit et ce qu'on y répète à satiété, *que les jeunes aspirans A LA COM-*

POSITION DRAMATIQUE qui n'ont encore donné ni garantie ni preuves , ne doivent point, pour l'honneur même de la nation Française , exposer leurs premiers essais sur le plus beau théâtre du monde, sur un théâtre que Gluck n'a osé aborder qu'à soixante ans ; qu'ils doivent encore moins usurper des tours acquis à des maîtres éprouvés , des tours consacrés par les ordres mêmes du Gouvernement ? Et c'est-là, suivant le rédacteur , *étouffer les développemens des jeunes aspirans ! !* Lisons à ce sujet l'éloquente note de Lesueur, à la page 94 de sa brochure :

« Je n'ai point prétendu confondre les jeunes
» étudians *de grande espérance ,* ni les jeunes
» talens avec ceux qui n'en auraient que *la*
» *prétention....* Non , jeunes compositeurs,
» non, jeunes musiciens , qui nous donnez un
» si brillant espoir, ce n'est point de vous dont
» j'ai voulu parler... Il serait dans les possibles
» même qu'il se montrât entre vous un de ces
» génies précoces.... Puisse-t-il, dès le plus
» jeune âge, étonner son pays comme Pergolèze,
» à peine arrivé au quatrième lustre , étonna le
» sien !... Nous lui tendrons nous-mêmes les
» mains... . J'ose lui répondre que tous les
» compositeurs français partageront avec moi

» la glorieuse satisfaction de compter un maître
» de plus.... Puisse-t-il parvenir à nous effa-
» cer tous, il augmentera nos éloges, et la gloire
» de l'art en France ne sera plus contestée... »
Cette note, j'en conviens, ne désigne pas l'auteur
de *Sémiramis ;* mais je le demande encore une
fois au rédacteur du *recueil,* est-ce là le langage
d'un chef d'enseignement qui *étouffe les talens
des jeunes aspirans, et qui manque à son
contrat ?*

IVe CHEF D'ACCUSATION.

Le rédacteur du *recueil* termine son absurde
diffamation par cette pitoyable et risible excla-
mation, page 27 :

« C'est un inspecteur de l'enseignement qui
» allume les premières torches de discorde dans
» un établissement où il est admis pour s'oc-
» cuper des progrès de l'art, *et qui met en jeu
» les passions et les divers intérêts de ceux qui
» n'attendaient qu'une occasion favorable pour
» attaquer le Conservatoire afin de s'élever
» sur ses ruines !* »

A présent, qu'il est démontré que la *lettre à
Guillard* est un monument élevé à la gloire du
Conservatoire par l'un de ses plus ardens défen-
seurs ; à présent, qu'il est impossible de révo-

quer en doute l'astucieuse tactique du citoyen Sarrette, qui met en avant 80 membres subjugués de cet établissement pour venger sa propre querelle, on peut apprécier ce que signifient les *torches de discorde* dont parle l'emphatique rédacteur. Ces *torches* ne sont que le flambeau de la vérité placé devant la figure du citoyen Sarrette ; mais le rédacteur ajoute que Lesueur *a mis en jeu les passions et les divers intérêts des ennemis du Conservatoire !* ... Il a donc des ennemis, le Conservatoire ? Que M. le rédacteur veuille bien m'apprendre qui les lui a suscités. En conscience, il ne prétendra plus que pour avoir indirectement *fouetté* le citoyen Sarrette et son *favori Catel*, on aura suscité des ennemis au Conservatoire, ou bien il persisterait à placer l'intégrité de cette institution dans les *vastes parois* du directeur ; et nous sommes convenus, pour son honneur, qu'il ne pousserait plus jusque-là son hyperbolique adulation. Encore une fois, d'où viennent donc les ennemis du Conservatoire ? car il est malheureusement trop vrai qu'ils existent.. Eh bien ! moi, je vais en indiquer la véritable source à M. le rédacteur. Qu'il daigne relire ce fragment de l'*Année Théâtrale*, qui a paru dans le public un mois avant la *lettre à Guillard.* Écoutons cet officieux folliculaire, qui d'un trait de plume réduit à la pension et proscrit *Adrien , Maillard , Lainez , Chéron , Laïs* et autres soutiens les plus fermes et les plus glorieux de la tragédie-lyrique , pour les remplacer par une *révolution régénératrice.* Deux mois et demi après la publicité de l'*Année Théâtrale,* qu'il écoute son complaisant écho, la *Décade Philosophique ,* qui ressasse la même doctrine, et qui présente *triomphalement le cit. Sarrette comme le GRAND RESTAURATEUR-RÉ-GÉNÉRATEUR* du théâtre-lyrique !.... Des *révolutionnaires conjurés* manifestent publiquement le projet d'anéantir un théâtre qui doit son existence à Louis XIV, et qui, depuis deux siècles, en aggrandissant son horison , a, dans ce genre, élargi la sphère de nos jouissances ; les artistes et les amateurs du théâtre lyrique , voient à la tête de cette fatale conjuration, le directeur du Conservatoire, et quelques-uns de ses amis les plus influens..... Et l'on serait étonné que le Conservatoire eût des ennemis !... (1) Allons ! M. le

____

(1) Il y a encore une autre raison qui a suscité de grands ennemis au Conservatoire : le cit. Sarrette obtint , il y a quatre ans, qu'il ne serait admis à l'Opéra ni musiciens, ni chanteurs des chœurs, ni acteurs, sans un concours, et sans l'approbation d'un jury pris dans le sein du Conservatoire. Cette mesure s'étendit jusqu'aux ou-

rédacteur, soyez franc et courageux. Biffez les pages 24, 25, 26 et 27 de votre *recueil*, ou plutôt conservez-les; mais changez les noms; et à la place de Lesueur, proclamez Sarrette comme le SEUL INCENDIAIRE QUI, de concert avec le citoyen Célérier, A ALLUMÉ LES TORCHES DE LA DISCORDE, a fomenté les inimitiés, et provoqué cette pluie de pamphlets anonymes qui affligent si justement le Conservatoire !.... Oui, M. le rédacteur, si vous aimez le Conservatoire, vous allez encore fabriquer un *recueil de pièces*, non plus contre la *lettre à Guillard*, mais contre l'*Année Théâtrale*, contre *la Décade Philosophique* et contre le *régénérateur Sarrette;* puis, relisant la *lettre à Guillard*, non avec les yeux louches du citoyen Sarrette, mais avec l'œil pur de la franchise ; vous allez vous réunir aux nombreux et flatteurs témoignages des Généraux, des Conseillers d'état, des Chefs d'administration, des

---

vrages nouveaux destinés au théâtre de l'Opéra. C'est ainsi que fut reçu la *Sémiramis* du cher *Catel*. On conçoit combien une semblable mesure a dû aliéner tous les artistes et auteurs qui étaient étrangers au Conservatoire L'Opéra sur-tout se voyant immédiatement sous la domination du citoyen Sarrette, se prononça énergiquement contre cette innovation, qui n'eut son effet que pendant un an.

hommes de lettres et des artistes qui ont applaudi à cette brochure, et qui, loin de la considérer comme une *torche de discorde*, l'ont, au contraire, envisagée comme un ouvrage dont le Conservatoire et l'art musical doivent s'honorer (1).

Ve. CHEF D'ACCUSATION.

On a reproché verbalement à Lesueur, qu'il s'était mis en état *d'insubordination* contre le directeur Sarrette.

C'est, comme je l'ai déja dit, une question très-embarrassante, que celle de savoir, si d'après le règlement du mois de germinal an 8, dont j'ai précédemment fait l'analyse, les inspecteurs sont les subordonnés du directeur. J'admettrai cependant que les artistes célèbres qui composent aujourd'hui le corps des inspecteurs, soient les subordonnés de l'obscur et anti-mélodiste Sarrette. Dans cette hypothèse, j'interpelle celui-ci, de préciser contre Lesueur, un seul fait qui puisse constituer la prétendue insubordination dont il l'accuse. Au comité du 14 prairial, Lesueur qualifié par Sarrette, de *monstre*, de

______

(1) J'ai en ma posssesion plus de 80 lettres, toutes plus flatteuses les unes que les autres, adressées à Lesueur à l'occasion de sa brochure, par les hommes les plus marquans et les plus recommandables.

scélérat, de *misérable*, etc., a répondu à ce grossier provocateur, *que s'il croyait pouvoir accuser avec fruit quelqu'un d'être honnête homme, il le ferait.* A l'assemblée générale du 29 prairial, assailli des mêmes qualifications, il a opposé la même réponse. Voilà toute l'insubordination de Lesueur, pendant plusieurs années d'injustices et de persécutions ! ...... D'ailleurs, je porte le défi au citoyen Sarrette, de citer une seule invective, une seule provocation même indirecte, qui soient sorties de la bouche de Lesueur. Combien en est-il qui, outragés comme lui, auraient différé aussi long-temps à rompre en visière au citoyen Sarrette, et à dévoiler son implacable et perfide inimitié ?

Mais, dira-t-on, je calomnie le citoyen Sarrette. Il n'est point l'accusateur de Lesueur. Qu'on lise les signatures apposées au bas du *Recueil.* Il y en a 80 ; mais on n'y verra pas la sienne (1).

----

(1) *Sarrette* est si accoutumé à se mettre toujours derrière la toile dans les cas difficiles ; il craint tant qu'on le nomme, qu'il osa dire, (en forme d'avertissement officieux) à l'un des amis de *Lesueur :* « qu'il se » garde bien, dans son mémoire, d'émettre aucune personnalité sur le DIRECTEUR du Conservatoire, et » de parler de moi en quoi que ce soit, dans la défense

Oui, ce bon et généreux directeur a eu assez de
grandeur d'âme pour garder le silence. C'est tout
le Conservatoire qui accuse Lesueur, et cette
presqu'unanimité dans un corps aussi respectable,
est terrible et foudroyante pour l'accusé.

J'avoue, citoyen conseiller d'état, que cette
masse imposante de signatures pourrait être de
quelqu'influence sur tout homme qui n'aurait pas
lu ce mémoire et qui ne connaîtrait pas les
tortuosités du citoyen Sarrette; mais aujourd'hui,
je le dis hardiment. Non, vous ne serez plus la
dupe de ce gigantesque et risible fantôme.

Vous savez à présent comment le citoyen Sarrette a subjugué la majorité des inspecteurs,
pour les opposer scandaleusement à leur collègue,
dans une protestation publique; comment il a
su gagner parmi les professeurs, les orateurs les
plus véhémens, et les partisans les plus audacieux,
en promettant aux uns de l'avancement, aux
autres des emplois lucratifs; à ceux-ci la con-
servation de leur place, à ceux-là sa bienveillance et sa protection; comment à la faveur de
sa place de directeur, il est parvenu à tyran-

» qu'il prépare, ou sinon, le moindre châtiment qu'il
» lui en arrivera de la part de l'autorité supérieure,
» sera la perte de sa place, etc. »

niser tous les membres et tous les élèves du Conservatoire , en se targuant vis-à-vis d'eux d'un
crédit sans bornes auprès du Gouvernement, et
en persuadant à une majorité crédule , que lui
seul dispense à sa volonté le *pain du Conservatoire ;* comment , enfin , il a eu la perfidie
d'appliquer au Conservatoire , en masse, des attaques qui lui étaient personnelles , et de dominer
ainsi , la plupart de ses membres , par la crainte
de voir incessamment dissoudre un établissement
qui les fait vivre. D'après cela , citoyen conseiller
d'état , le problême des 80 signatures est résolu.
Que dis-je , non seulement cette masse de signatures n'est plus un problême ; mais les formes
scandaleuses et illégales , dans lesquelles les
signatures ont été provoquées, constituent un
DÉLIT punissable dans la personne du citoyen
Sarrette.

Aux termes de l'article Ier. du titre 19 du
règlement du Conservatoire, *les assemblées générales ne peuvent s'occuper que de questions
relatives à l'art musical.* Il n'est pas besoin de
justifier cette salutaire disposition. Elle a eu
pour objet de prévenir le retour de ces assemblées
populaires et tumultueuses, où les passions ju-
geaient les opinions , où des Stentors audacieux et
pervers proscrivaient l'humble et timide probité.

C'est au mépris d'un règlement aussi sage,
que le citoyen Sarrette s'est permis de convoquer
par l'organe du Doyen d'âge son affidé, deux
assemblées générales successives. Et quel a été le
prétexte dont on a osé colorer cette dangereuse
et illégale mesure?.... la dérisoire et caffarde
démission du citoyen Sarrette ! .. Mais avait-on,
en l'an 4, convoqué une assemblée générale sur
une démission bien plus funeste à l'art musical,
celle du citoyen Grétry? ... Puisque le citoyen
Sarrette avait adressé sa démission à l'autorité,
elle seule pouvait l'accepter ou la refuser. Qu'a-
vait-on besoin, sur cette matière, de l'intervention du Conservatoire, si ce n'était, comme on l'a
vu, pour faire bassement redemander le *respectable père par ses enfans?* Mais, dit-on, le
Conservatoire était attaqué dans la *lettre à M.
Paësiello*, et dans d'autres libelles anonymes. Il
fallait bien le convoquer pour y répondre. Depuis quand doit-on prostituer une institution respectable jusqu'à lui faire réfuter des pamphlets
anonymes ? D'ailleurs si véritablement le Conservatoire était attaqué; était-ce à lui qu'il appartenait de se défendre ? N'était-ce pas plutôt au Gouvernement, protecteur des institutions libérales?
Croit-on que la puissance dont il est investi,
n'aurait pas été aussi efficace qu'un *recueil de*

pièces insignifiantes dont on a gratuitement en-
nuyé tout Paris? Non, non, ce n'était point pour
défendre le Conservatoire que les assemblées
générales des 29 prairial et 26 messidor ont été
convoquées; c'était pour accuser et perdre Lesueur. L'évènement ne l'a que trop bien prouvé.
Oui, c'était pour échauffer quatre-vingts cerveaux
à force de déclamations et d'invectives, et pour
extorquer ainsi quatre-vingts signatures, que le
citoyen Sarrette a violé le règlement qui faisait
sa loi. Et cet aveugle persécuteur n'a point vu
qu'en assemblant les membres du Conservatoire,
il livrait un chef à la merci de ses subordonnés;
que ceux-ci ne pouvaient pas plus être les *accusateurs* de Lesueur, qu'ils ne pouvaient être ses
juges! Il n'a point vu que s'il existait des griefs
contre Lesueur, il fallait les dénoncer, non pas
au Conservatoire, mais à l'autorité qui seule
était compétente pour prononcer. Il est bien vrai
qu'en s'adressant à l'autorité supérieure, le cit.
Sarrette manquait l'occasion de servir son animosité, et que cette idée perfide d'*attaquer Lesueur
par le Conservatoire*, lui échappait; mais je le
demande au citoyen Sarrette: est-ce pour assouvir sa haine, est-ce pour lui créer une armée de
prosélytes et de défenseurs, que la loi a fondé
le Conservatoire, et que le trésor public le dé-

fraie ? Le citoyen Sarrette se plaint d'insubordination ! N'est-ce pas lui plutôt qui, en convoquant l'assemblée générale du 26 messidor, en a donné tout à-la-fois l'encouragement et l'exemple ? Je le répète, les nombreuses signatures données par des subordonnés contre leur supérieur, dans une assemblée illégale, sont UN DÉLIT sur lequel je devrais appeler toute l'animadversion de l'autorité. Le chef qui, dans un corps discipliné, s'aviserait de faire accuser un autre chef par ses soldats, serait cassé. Que le citoyen Sarrette ose maintenant se prévaloir de ses quatre-vingts signatures ! Je ne lui dirai plus qu'un mot : au lieu d'insurger quatre-vingts individus courbés sous sa verge de fer, qu'il produise plutôt contre Lesueur le témoignage de trois ou quatre personnes indépendantes et respectables, j'abandonne sur-le-champ mon ami et je passe condamnation. Quant à moi, j'ai en sa faveur des milliers d'honorables garans, et cela vaut bien quatre-vingts signatures, dont au moins les deux tiers sont le fruit de la contrainte, et peut-être ne tarderont pas à être publiquement rétractées (1).

____

(1) Je pourrais citer beaucoup de signataires qui sont désespérés d'avoir signé, qui le disent à Lesueur, ou qui le lui font dire. Je sais même que plusieurs signatures

§. V^e. ET DERNIER.

Conclusions et leurs motifs.

Après avoir démasqué les vues ambitieuses du citoyen Sarrette; après avoir esquissé l'affreux tableau des persécutions qu'il a suscitées à Lesueur, et réfuté les accusations qu'il a dirigées contre lui, on s'imaginera peut-être que je vais provoquer sur cet homme et sur ses adhérens, toute la rigueur de l'autorité; point du tout. Lesueur, justifié complettement à vos yeux, citoyen conseiller d'état, et justifié dans l'opinion pu-

---

ont été données par des membres qui n'étaient point présens au rapport de la soi-disant commission, qui n'ont pas lu ce qu'ils ont signé, et qui même n'ont pas voulu le lire. Je ne citerai qu'un fait à l'appui de ce que j'avance. Le citoyen *Lahoussaye*, ancien chef d'orchestre du théâtre Feydeau, reçut du citoyen *Vinit* une petite lettre dans laquelle on l'invitait à passer sur-le-champ au Conservatoire *pour affaire qui lui était personnelle. Lahoussaye* se doutant qu'il s'agissait de signer contre Lesueur le *recueil* de pièces, se présenta chez lui, et lui déclara qu'il ne voulait point signer, aux risques de perdre la seule place qui lui restait pour soutenir sa famille. Lesueur lui répondit : « Votre fa- » mille doit passer avant Lesueur. Signez ». Le citoyen Lahoussaye est en effet le dernier qui ait signé le *recueil,* blique, serait amèrement affligé s'il voyait le résultat de cette misérable querelle compromettre l'existence de ses ennemis. J'appellerai sur la tête de *Catel* et de *Vinit* une censure publique, parce que le maintien de la subordination l'exige. Je demanderai que la direction de l'enseignement soit ôtée au citoyen Sarrette, et rendue aux inspecteurs, parce que le citoyen Sarrette est et sera toujours le fléau de l'art musical en France. Que d'ailleurs on lui laisse si l'on veut l'administration du matériel, puisqu'il y a fait preuve d'exactitude et de talens. Mais en vous conjurant, citoyen conseiller d'état, de tirer avec Lesueur un épais rideau sur les faits et sur les individus, il ne faut pas que cette discussion soit perdue pour le Conservatoire.

En méditant la défense de mon ami , je me suis convaincu avec regret qu'il existe en effet un parti qui veut la destruction de cet établissement. Il n'est que trop vrai que jamais on n'aurait songé à renverser le Conservatoire, si son ambitieux directeur n'avait pas publiquement convoité la suprématie du Théâtre des arts; mais vous pouvez, citoyen Conseiller d'état, dissoudre d'un seul mot cette conjuration. Fondez un mur d'airain entre ces deux établissemens. Dites hautement que leurs élémens sont inconciliables , et le Conservatoire n'aura plus d'ennemis. Il fallait, en effet, l'ambition délirante et l'ignorance profonde du citoyen Sarrette, pour concevoir l'amalgame de deux établissemens aussi hétérogènes et aussi contraires dans leur objet. Non, les dangereuses séductions du Théâtre des arts, les distractions sans nombre qu'il offre à la jeunesse, ne s'allieront jamais avec l'application et le recueillement que réclament l'enseignement des professeurs et l'étude des élèves. Je le déclare hardiment et avec confiance : le jour qui réunira le Théâtre des arts au Conservatoire, déterminera l'époque de la chûte de ces deux établissemens. Il faut que le Théâtre des arts ait son régime et ses chefs particuliers. Il faut aussi que le Conservatoire ait les siens.

Mais, en livrant à votre sagesse, citoyen Conseiller d'état, les réflexions que me suggère l'amour de l'art, j'appelle néanmoins avec instance toute votre protection sur le Conservatoire. Jamais le Gouvernement n'aura la fatale pensée de renverser un établissement qui a déjà donné tant de preuves éclatantes de son utilité, qui renferme en ce moment des trésors de talens et de génie, tous prêts à multiplier nos jouissances, et dont la dispersion porterait un coup mortel à l'art musical. Les Puissances les plus obscures, et les moins opu-

lentes, entretiennent à leurs frais des Conserva-
toires, dont depuis plus d'un siècle l'éclat traverse les mers et rejaillit sur tous les peuples du
Continent. Et la première nation du monde, la
nation la plus éclairée et la plus aimable, détache-
rait de sa brillante couronne les fleurs de Polymnie !..
Non, le Conservatoire français ne sera pas détruit.
Il sera constamment l'utile et honorable asyle des
athlètes émérites de la mélodie, le foyer pérpétuel
de l'émulation musicale, le régulateur suprême
du plus délicieux et du plus puissant de tous les
arts. Loin de détruire ce bel établissement, le
Gouvernement va s'occuper de le perfectionner et
de l'affermir.

Que Lesueur, citoyen conseiller d'état, en
reçoive de vous la consolante assurance! C'est le
vœu le plus ardent de son cœur. D'ailleurs il
s'abandonne aveuglément à votre justice. Je vous
dirai seulement ce que Lesueur a eu l'honneur
d'écrire le premier messidor dernier, au Magistrat auquel vous succédez. « On veut que Lesueur
» abandonne son poste et sa patrie. Eh bien ! il
» gardera l'un tout le tems qu'il y aura dans
» l'autorité, protection contre l'intrigue et la
» calomnie. Il ne méconnaîtra l'autre qu'au mo-
» ment où les magistrats et les lois seront impuis-
» sans pour le défendre. Depuis dix ans qu'il

» est abreuvé de privations et d'amertumes, il
» a su se naturaliser avec le malheur, sans pour‑
» tant se détacher du pays qui l'a vu naître. C'est
» vous, citoyen Conseiller d'état, qui, par
» votre justice, resserrez ce lien cher et sacré,
» qui enchaîne un artiste Français à sa patrie.
» C'est vous qui encouragerez ses études et ses
» veilles. C'est vous, enfin, qui lui rendrez cet
» affranchissement et cette énergie si nécessaire
» à l'art libéral qu'il cultive ».

CONCLUSIONS.

Je demande pour Lesueur;

1°. Que les citoyens *Catel et Vinit*, soient
censurés en assemblée générale, par l'organe du
Doyen d'âge des inspecteurs, pour avoir outragé
leur supérieur;

2°. Que les arrêtés pris dans les assemblées
générales des 29 prairial et 26 messidor der‑
niers, soient biffés par la main du secrétaire,
sur les registres du Conservatoire, comme étant
contraires au réglement et attentatoires à l'hon‑
neur du citoyen Lesueur;

5°. Que la place de directeur du Conserva‑
toire, soit supprimée, et que la direction de
l'enseignement soit restituée aux inspecteurs,

conformément à la loi du 16 thermidor an 3 ;

4°. Qu'il soit créé, en faveur du citoyen Sarrette, ou de tout autre, une place d'*économe comptable*, étrangère à l'enseignement et qui aura dans ses attributions, tout le matériel du Conservatoire ;

5°. Qu'il soit nommé une commission chargée de réviser le réglement du mois de germinal an 8, en se proposant essentiellement pour but, dans son travail ; 1°. de perfectionner l'enseignement de la vocale, trop négligée par le citoyen Sarrette ; 2°. de discuter et d'adopter, s'il y a lieu, tant les vues d'amélioration proposées par Lesueur dans *sa lettre à Guillard*, que celles proposées par le Conservatoire, pages 37 et 38 des *observations* imprimées à la suite du *recueil de pièces* ;

6°. Que l'arrêté à intervenir soit affiché dans les classes du Conservatoire, et que Lesueur soit autorisé à le faire insérer dans les journaux, attendu la publicité donnée à la diffamation.

Signé DUCANCEL,

Défenseur officieux et avoué au Tribunal de première instance de Paris.

POST-SCRIPTUM.

Au moment où ce mémoire allait être distribué, j'apprends qu'un plan général d'économie vient d'occasionner une réduction dans l'École de Peinture, dans l'École Polytechnique et au Conservatoire. La réduction ordonnée dans le Conservatoire a nécessité la réforme d'un grand nombre de professeurs. Si j'en crois les renseignemens qui m'ont été fournis, le citoyen Sarrette, comme directeur de l'établissement, a indiqué à l'autorité les membres qui devaient composer le jury chargé d'opérer cette réforme. Il a saisi avidement cette circonstance pour porter les derniers coups aux hommes qu'il voulait perdre.

1°. Fidèle à sa tactique, il n'a point voulu avoir l'air de rien faire par lui-même, ni sous son nom, mais il s'est encore caché sous le manteau du Conservatoire, afin de se mettre à l'abri de tous reproches, et de conserver le masque d'un directeur obligeant et impartial. En conséquence, il a eu la précaution de ne point se présenter personnellement comme membre du jury ; d'en éloigner également son *inspecteur adoptif*, son *bon ami Catel*, et ses deux *orateurs compères*, qui ont si *éloquemment* figuré dans les assemblées générales. Il s'est permis seulement d'y introduire son fanatique champion *Vinit*, parce qu'il avait éprouvé la vertu de son *babil influent* sur les jurés. Mais la grande majorité des jurés indiqués a été prise précisément dans la fameuse commission des vingt-un, chargée de rédiger l'acte d'accusation contre Lesueur, et qui était, comme je l'ai déjà dit, l'élite de ses ennemis les plus prononcés.

2°. La réforme devait atteindre chaque branche actuelle de l'instruction musicale, à la vérité dans une proportion inégale, parce que depuis long-tems l'opinion publique s'élève contre le désastreux abandon de la *partie vocale*. Dès-lors il était juste d'appeler au jury des membres pris, sauf l'inégalité des proportions, dans chaque partie de l'enseignement. Cette mesure que l'art et l'impartialité commandaient, aurait dérangé les vues du haineux Sarrette, en ce qu'elle aurait introduit dans le jury plusieurs artistes sans passion ; elle fut en conséquence rejettée, et une partie essentielle de l'enseignement, *la préparation au chant*, n'y a pas été représentée.

3°. On se doute bien que les *éliminations* ont été dictées à l'avance à une majorité *récusable* et servilement enchaînée au char du Directeur Sarrette. Lecteur, voyez comme les foudres de sa haine éclatent dans le résultat de ce jury.

Le citoyen Janson, artiste *français*, digne rival de Duport, Janson, ce *scélérat* qui a eu l'infamie de ne point voter le monument de Sarrette, et de ne point signer l'acte d'accusation de Lesueur, Janson est CHASSÉ !

Le citoyen Rodolphe, cet estimable auteur de livres élémentaires, dont l'un est employé dans l'instruction musicale du Conservatoire, Rodolphe n'a pas non plus voulu signer contre Lesueur. Rodolphe est CHASSÉ !

Le citoyen Rey, maître d'orchestre à l'Opéra depuis trente-trois ans, le continuateur de Sacchini dans *Évélina*, Rey, ce vigoureux, infatigable et savant arliste n'a point voté le monument de Sarrette. Il a réclamé sa part dans le brevet de *scélératesse* décerné à Janson. Il n'a point signé contre Lesueur. Rey est CHASSÉ !

Le citoyen Persuis, ce jeune artiste, élève et ami de Lesueur, le seul qui ait pris sa défense dans la *cohue* qualifiée d'assemblée générale tenue le 26 messidor dernier, Persuis voit s'accomplir la prédiction que je lui ai faite pages 166 et 167 de ce mémoire. En vain dans un concours il a été, à l'unanimité d'un jury, jugé digne à vingt-quatre ans d'être admis du premier vol dans la *première classe* des professeurs qui n'était composée que de *vingt-huit* membres sur *cent quinze* dont la totalité du Conservatoire était alors formée. En vain quatre ans après un nouveau jury chargé d'opérer une première réduction dans cet établissement, a confirmé Persuis *dans la première classe.* En vain il est le seul des quatre professeurs attachés à *la préparation au chant* qui se soit livré à la composition dramatique, et qui ait obtenu des succès sur les premiers théâtres de Paris. En vain il est le seul de ses quatre collègues *qui soit de la première classe. (La préparation au chant* conserve, d'après la nouvelle réforme, trois professeurs). Eh bien, Persuis, pour n'avoir pas été envers Lesueur un élève ingrat ni un ami perfide, Persuis est le PREMIER CHASSÉ (1) !

____

(1) D'après le réglement du Conservatoire du mois de germinal an 8, il n'y avait que trois professeurs attachés à la *préparation au chant*, les citoyens *Persuis, Fasquel* et *Adrien.* Il y a cinq mois le citoyen *Gérard,* ▆▆▆▆▆▆▆▆▆▆▆▆ ▆▆▆▆▆▆▆▆ fut adjoint comme quatrième professeur à

De ces quatre victimes, tous quatre FRANÇAIS, et professeurs de *première classe*, deux sont chargées de famille. Tous sont sans fortune. Et je somme ici énergiquement le jury de révéler au Public les noms et les titres de supériorité des individus qui remplacent chacun de ces quatre artistes dans LEUR PARTIE.

4°. On m'assure que le citoyen Sarrette, après avoir scandaleusement précipité l'opération du jury, est allé avec le *chef de bureau*, *son ami dévoué*, presser vivement auprès de l'autorité l'adoption de sa *juste et impartiale réforme*, pour prévenir les réclamations et frapper les derniers coups avant la publicité de ce mémoire.

5°. Et enfin, il est aujourd'hui certain que Lesueur est aussi CHASSÉ du Conservatoire, et qu'il n'y a plus que trois inspecteurs, les citoyens *Gossec*, *Mehul* et *Chérubini*. Les citoyens *Gossec* et *Mehul*, tous deux membres de l'Institut national sont encore conservés inspecteurs, et réunissent ainsi *double place* et *doubles*

---

cette partie de l'enseignement, ⸺ Le citoyen Gérard est aujourd'hui le seul de ses collègues qui soit conservé. Les ordres du Ministre portaient que les membres qui seraient jugés par le jury *les plus propres à continuer de remplir les fonctions* DONT ILS ÉTAIENT CHARGÉS, seraient maintenus. Il semblait que les deux professeurs qui avec le citoyen *Gérard*, restaient attachés à la *préparation au chant*, auraient dû, d'après la volonté du Ministre, être choisis parmi les citoyens *Persuis*, *Fasquel* et *Adrien*. Point du tout : on a pris dans un autre partie de l'enseignement (le solfège) deux pianistes, l'un desquels est *allemand*..... Un *allemand*, professeur du chant *français*!!...

émolumens. Lesueur, COMPOSITEUR FRANÇAIS, et qui certes sera dans la postérité du petit nombre de talens musicaux dont la France s'honorera, Lesueur qui dans l'ordre des nominations faites par la Convention nationale en l'an 3, devait être maintenu immédiatement après le citoyen *Mehul;* Lesueur sans place à l'Institut ni ailleurs, sans fortune, chargé d'un père, d'un enfant, et avec cela grévé de plusieurs rentes annuelles; Lesueur, privé depuis trois mois de ses appointemens qui forment sa seule ressource; Lesueur, dont les ouvrages dramatiques ont été constamment repoussés du Théâtre, malgré les ordres positifs de l'autorité; Lesueur est CHASSÉ avec l'affreuse perspective de l'indigence sous ses yeux!!... Il l'est par ses *accusateurs,* par *ses ennemis,* et SANS AVOIR ÉTÉ ENTENDU!!... Tout-à-l'heure il va être sans asyle, autre que celui qui lui sera offert par l'amitié!!... Et son pervers accusateur SARRETTE, et avec lui VINIT; tous deux d'une ignorance profonde dans l'art musical, sont maintenus, l'un dans la place de *Directeur,* l'autre dans celle de *Secrétaire!!!...* A eux deux ils absorbent par leur traitement le douzième des fonds assignés au Conservatoire par le Trésor public!.... O tache ineffaçable pour mon pays!!!... Des flots d'amertume navrent mon cœur!!!.... la plume échappe de mes mains..... je n'ai plus que la force de demander justice... Oui! justice! et prompte justice!!...

F I N.

www.ingramcontent.com/pod-product-compliance
Ingram Content Group UK Ltd.
Pitfield, Milton Keynes, MK11 3LW, UK
UKHW022215120726
13694UKWH00002B/553